ライブラリ 経済学15講 BASIC編 ⓫

統計学15講

山本 庸平 著

Fifteen Lectures on Statistics

新世社

編者のことば

『ライブラリ 経済学15講』は，各巻は独立であるものの，全体として経済学の主要な分野をカバーする入門書の体系であり，通年2学期制をとる多くの大学の経済学部やそれに準じた学部の経済学専攻コースにおいて，いずれも半学期15回の講義数に合わせた内容のライブラリ（図書シリーズ）となっている。近年では通年4学期のクォーター制をとる大学も増えてきているが，その場合には，15講は講義数を強調するものではなく，講義範囲の目安となるものと理解されたい。

私が大学生のころは，入学後の2年間は必修となる語学や一般教養科目が中心であり，専門科目としての経済学は，早目に設置・配当する大学においても，ようやく2年次の後半学期に選択必修としての基礎科目群が導入されるというカリキュラムだった。一般教養科目の制約が薄れた近年は，多くの大学では1年次から入門レベルの専門科目が開講されており，学年進行に合わせて，必修科目，選択必修科目，選択科目といった科目群の指定も行われるようになった。

系統だったカリキュラムにおいて，本ライブラリは各巻とも入門レベルの内容を目指している。ミクロ経済学とマクロ経済学の基本科目，そして財政学や金融論などの主要科目は，通常は半学期15回で十分なわけではなく，その2倍，3倍の授業数が必要なものもあろう。そうした科目では，本ライブラリの内容は講義の骨格部分を形成するものであり，実際の講義の展開によって，さまざまに肉付けがなされるものと想定している。

本ライブラリは大学での講義を意識したものであるのは当然であるが，それにとどまるものでもないと考えている。経済学を学んで社会に出られたビジネスパーソンの方々などが，大学での講義を思い出して再勉強する際には最良の復習書となるであろう。公務員試験や経済学検定試験（ERE）などの資格試験の受験の際にも，コンパクトで有効なよすがになると期待している。また，高校生や経済学の初心者の方々には，本ライブラリの各巻を読破することにより，それぞれの分野を俯瞰し，大まかに把握する手助けになると確信している。

このほかの活用法も含めて，本ライブラリが数多くの読者にとって，真に待望の書とならんことを心より祈念するものである。

浅子　和美

はしがき

本書は，経済学を学び，使っていこうとする中で，統計学を理解することの重要性を多少なりとも認識した，全ての方々に向けて書かれています。

本書の概要と構成の説明は第1講で行われますので，詳しくはそちらをお読み頂ければと思いますが，本書をつくるにあたって留意したことが2つあります。

1つは，本ライブラリの他の巻で勉強するなかで，経済分析に応用することができると思われる統計学の知見を優先的に取り上げたことです。（このため，統計学の入門書として割愛せざるを得なかった項目や厳密さに折り合いをつけた部分がいくつかあります。）また，同じ観点から，解説の中にできるだけ多様な具体例を紹介し，実際の分析において有用な Excel の利用も案内しています。

もう1つは，本書は15講で構成していますが，そのそれぞれをできるだけ完結した内容になるようにしたことです。その点で，読者の方々は，任意の講のみを選んでお読み頂いても1つのまとまった内容を理解することができると思います。そのような特徴を持たせることで，授業の副読本としてお使いになられる教員の方々に，ご自身の講義の中で適切な部分を取捨選択して頂くことができるようにしたつもりです。

なお，記述においてはなるべく講義における口頭での平易なニュアンスを残すように努め，親しみやすい解説を心がけました。

本書の刊行にあたり，執筆を薦めて下さった本「ライブラリ経済学15講」編者の浅子和美先生に，心より御礼を申し上げます。また，執筆の際には，一橋大学大学院経済学研究科に在籍する大石凌平君，冨田昌君，萩尾亘君，深井宗一郎君，山添義貴君に原稿を丁寧に読んでもらい，建設的な意見をいくつももらいました。本書の内容の大部分は，著者がカナダのアルバータ州立大学で MBA や学部学生向けに教鞭を取った際，そして現在の勤務先である一橋大学での授業を担当した際に行われた，多くの有益な議論に基づいています。それらに参加してくれた全ての学生と，2つの職場で拙い講義を見守ってくださった同僚の方々に，深く感謝いたします。もちろん，本書に含まれうる誤りは，全て著者の責に帰すことはいうまでもありません。

最後に，本書の企画から出版までを担当された新世社編集部の御園生晴彦さんと谷口雅彦さんに謝意を表します。

2017年10月10日

山本　庸平

目　次

本文イラスト：PIXTA

第 1 講
統計学をはじめよう

■本書を手に取ったみなさんは，多かれ少なかれ現実のデータに接したことがあると思います。本講では，そのようなデータを統計学のツールを用いて効果的に分析するための約束事を紹介します。

1.1 こんなに身近な統計学

■ 統計学やデータ分析を使う機会が全くない職業はある？

本書を読まれるみなさんには，統計学を理解することの様々な目的があると思います。

例えば，学生の方であれば，卒業後に就く職業で様々なデータ分析をするうえで統計学が役に立つのではないかと漠然と考えているかもしれません。ビジネスマンの方であれば，すでに具体的な課題があり，そこで統計学を用いてより正確に解決する必要性に駆られているかもしれません。また，会社の経営者の方であれば，いまは統計学なんて使っていないけれども，上手に使うことで会社の業績をよくできると考えているかもしれません。行政に携わる方であれば，統計学を用いることで，社会・経済問題をより正確に理解し，説得的な意思決定ができると考えているかもしれません。

これらの目的は，概ねどれも正しいものといえます。私がかつて統計学を学んだ時に，「統計学やデータ分析を使う機会が全くない職業を挙げる。」という風変わりな宿題が出たことがありました。どのように工夫しても統計学が役に立ちようのない職業というのは，なかなかみつからないものです。職業においてだけでなく，もっと一般的に経済問題や社会問題を論ずる際にも，統計学を用いることなく議論をすることも可能ではあるでしょう。実際，メディアでは多くの評論家が統計学を使ったデータ分析を用いることなく様々な問題を議論するのを目にします。ところが，少しの労力を惜しまずに統計学を習得し，データを分析することで，これらの議論の説得力は飛躍的に上がることでしょう。

■ データ分析の正しい手法を学ぶ大切さ

一方，データ分析を用いることにはリスクもあります。例えば，現在得られるデータを用いてわかったことがあっても，その結果をそのまま将来に当てはめると上手くいかないことが多くあります。

さらに，本書で紹介していくように統計学は単純で強力な結果を導くために，少し複雑な計算を行います。この過程をもし誤って行うのであれば，その結果は大きく誤ることがあります。あまり考えたくはないですが，そのような誤りが自分以外の人によって恣意的になされる可能性も排除できません。特に，もしみなさんが職業上，経営上，そして政策運営上の重要な意思決定をしなければいけないときに，そのような誤った統計学の結論が与えられたのであれば，グループ全体にとって大変困ったことになります。

このような誤りを犯さないためにも，みなさん自身で統計学を理解し，データ分析の正しい手法を身につけることは，これからの社会でとても大切なことだと思います。この本は，そういった心意気を持った方々の一助になることを企図して書かれています。

1.2 データを集めよう

とりわけ最近では，インターネットを使って即座に数多くのデータを集めることができます。身近な例では，みなさんが自動車を購入しようとするときには，中古車を含めて様々な車種と年式の車の価格をデータとして数多く入手することができます。また，旅行に行く計画を立てるときには，様々な旅行先と旅行期間についてホテルや航空券の価格についてのデータを即座に

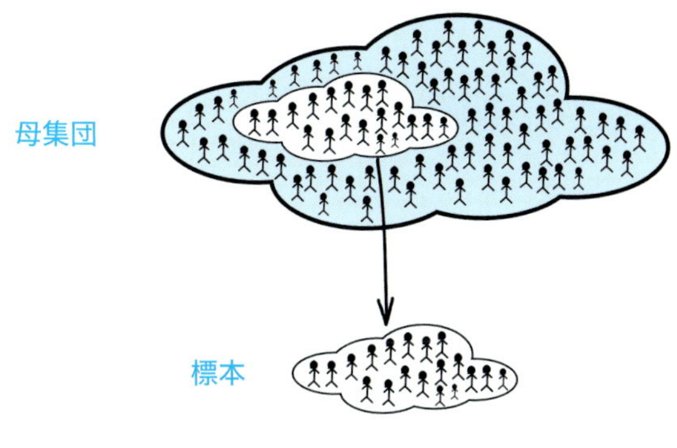

図 1–1　母集団と標本

入手することができると思います。

■ 母集団と標本

統計学では，このようにみなさんが目にするデータは，なんらかの確率的なメカニズムによって発生していると考えます。図 1–1 のように，そのメカニズムを**母集団**あるいは**統計モデル**と呼びます。母集団のメカニズムをより正確に知ることができれば，私たちは次に出てくるデータをより正確に予測することができるのです。

例えば，自動車を購入する際に，事前に集めたデータを用いて車種や年式と価格の関係を知ることができれば，買いたい自動車にどのような値段が付くかをより正確に理解することができます。旅行をする際にも，データを用いて行先や期間とホテルや航空券の価格の関係を知ることができれば，自分の旅行にどれだけの費用がかかるかを予測することができます。

しかしながら，いかに労力をかけてデータを集めようとも，また通信技術が発達して瞬時にデータを集めることができるとしても，このような母集団のデータを全て集めることは不可能です。

そこで，集めたデータがそういった母集団の一部と考える統計学の考え方が役に立ちます。このように，母集団や統計モデルに対して実際に集められたデータを**標本**と呼びます（図 1–1）。母集団と標本を区別することは統計学を理解するために最も重要なステップであるといえます。

1.3 変数と観測値

■ 変数メカニズムの解明

このようにして集められた標本のデータを見るときには，ただ漫然と眺めるだけではなく，そのデータを発生させている主体を**変数**と考え，そのメカニズムを解明しようとする姿勢が必要です。そのためには，変数から発生した**観測値**が沢山ある必要があります。

例えば，「自動車の価格」という変数のメカニズムを解明したい場合には，1店舗のデータだけが得られれば観測値の数は数十かもしれませんが，インターネットで多くの店舗の情報を集めることで観測値は何百何千にもなり，変数のメカニズムについてのより正確な情報を得ることができます。

■ 変数と観測値の例

私たちは日々の新聞や雑誌などでも様々なデータを目にします。そのようなデータを実際に用いて，どういった変数からいくつの観測値が得られているのかを考えてみましょう。右頁には新聞や雑誌などでもよくみかけるような表やグラフが並んでいます。

図 1–2 は，日本におけるソーシャルメディア（Twitter および Facebook）の利用者数の推移を 2009 年 1 月から 2012 年 3 月までの月次データで示したものです。このデータには，「Twitter の利用者数」と「Facebook の利用者数」という 2 つの変数があります。また，データの期間は 39 か月間ですので，観測値の数は 39 です。

表 1–1 は，2012 年度における 3 大都市圏の JR 主要駅の乗車人員を表しています。ここには「定期（定期券で乗車した客）」と「定期外（それ以外の客）」という 2 つの変数があり，これらから発生する各駅のデータが観測値です。よって，観測値の数は駅数の 24 となります。

表 1–2 は，トヨタ自動車株式会社の 4 年度分の損益計算書の主要項目を

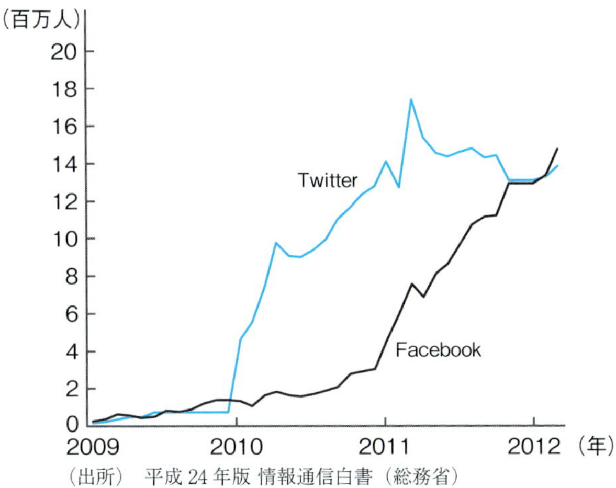

(出所) 平成 24 年版 情報通信白書(総務省)

図 1–2 日本におけるソーシャルメディア (Twitter および Facebook) の利用者数の推移

表 1–1 JR 主要駅の乗車人員(2012 年度)

(千人)

	定 期	定期外		定 期	定期外
東 京	69211	77619	上 野	35096	31921
有楽町	27981	32218	千 葉	15246	22949
新 橋	35087	56411	名古屋	40052	30488
川 崎	27614	41075	岐 阜	4649	6614
横 浜	56301	89937	春日井	1629	4019
渋 谷	70958	79424	高蔵寺	1946	5421
新 宿	126645	144488	京 都	31350	37813
高田馬場	28288	45356	大 阪	70185	80784
池 袋	83605	117420	三ノ宮	17396	26085
桜木町	11627	11668	神 戸	7322	17110
御茶ノ水	14240	22317	鶴 橋	12777	21765
神 田	14715	20973	天王寺	20180	28740

(出所) 平成 26 年版 都市交通年報(財団法人運輸政策研究機構)

表しています。ここでは，「売上高」や「売上総利益」といった会計項目はそれぞれ異なるメカニズムで動いていますので，別々の変数として取り扱うのがよいでしょう。それぞれの変数に対して，観測値の数は 4 となります。

図 1–3 は，主要 7 か国の労働時間あたり国内総生産を 45 年間にわたり表したグラフです。このデータの背後には「労働時間あたり国内総生産」という変数があり，観測値の数は 7 か国×45 年＝315 です。

これらの例から，あるデータをみたときに，何がデータを発生させている主体である変数と扱うかは，みなさんの問題意識に基づくことがわかります。図 1–2 の例では，ソーシャルメディアの利用者数がどう推移するかというメカニズムに関心があることが前提になります。表 1–1 の例では，駅の乗車人員数がどのように決まるかというメカニズムに関心があることが前提で，例えば東京駅といったような個別の駅だけに関心がある場合は，このデータを用いた統計的分析はふさわしくないことになります。表 1–2 の例では，その企業の収益性や成長性というメカニズムに関心があることが前提となります。図 1–3 の例では，「労働時間あたり国内総生産」がどのように決まるかという点につき，国を超えた普遍的な（といっては大げさですが）メカニズムへの関心があることが前提になります。

1.4 統計分析をはじめよう

データを集めたら，いよいよ統計学の手法を用いてみなさんの問題意識にアプローチをします。本書では，図 1–4 に表す流れで統計学の手法を学んでいきますので，段階を踏んで理解を進めて下さい。

統計学には，大きく記述統計と呼ばれる分野と推測統計と呼ばれる分野があります。記述統計は，**第 2 講**と**第 3 講**で取り扱います。ここでは，実際に得たデータをどのように整理し表現するか，という点を学びます。具体的には，新聞や雑誌などでよくみかけるような表やグラフを作成したり，データ

表 1–2　ある企業の 4 年度分の財務指標

（単位：億円）

	2014 年 3 月期	2015 年 3 月期	2016 年 3 月期	2017 年 3 月期
売　上　高	256919	272345	284031	275972
売上総利益	48908	53928	57977	48629
営 業 利 益	22921	27506	28540	19944
（受取利息・配当金）	1154	1471	1579	1590
（金融費用）	196	229	354	294
税引前利益	24411	28928	29834	21938
当期純利益	18231	21733	23127	18311

（出所）　企業財務カルテ 2018 年版（東洋経済新報社）

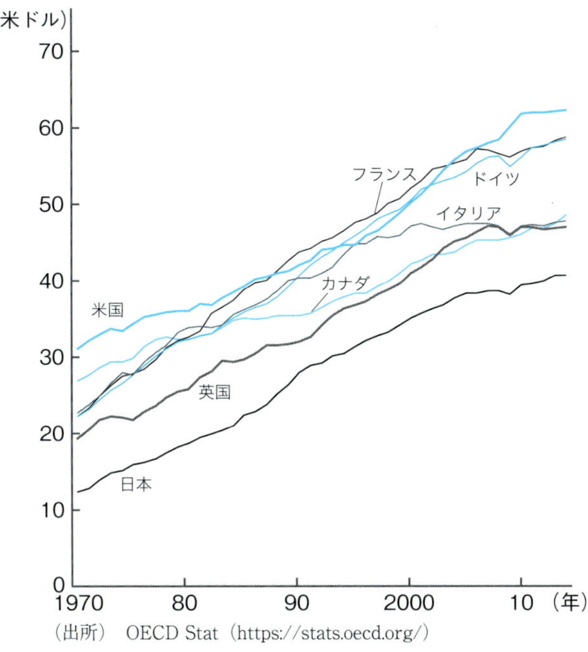

（出所）　OECD Stat（https://stats.oecd.org/）

図 1–3　主要 7 か国の労働時間あたり国内総生産の推移

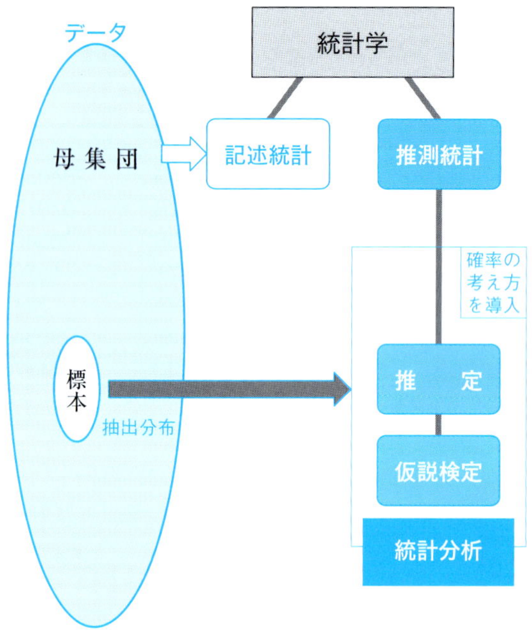

図 1-4　記述統計と推測統計

の中心やばらつきを計算することを学びます。

推測統計は，**第 4 講**以降で取り扱います。ここでは，実際に得たデータの背後にある変数のメカニズムを解明することで，より踏み込んだ説明を行ったり，実際にはデータが得られていない将来を予測しようと考えたりします。みなさんがイメージする統計学は，おそらくこの推測統計のことが多いと思います。

推測統計を理解するためには，その準備として，確率についてお話ししなくてはなりません。確率という言葉は私たちの普段の生活でも用いられるので，意味を理解していない人はいないと思いますが，もう少し厳密に考えてみる必要があります。そこで，**第 4 講**から**第 6 講**では確率や確率変数という考え方に馴染んでもらうための話をします。これらは，その後に続く推測統計のために必要な話ですので，しっかりと習得するようにしてください。

確率や確率変数についての理解が進んだら，**第 7 講**では**抽出分布**という考え方を学びます。これは，本書で最も重要な概念であるといって過言ではありません。「抽出分布」は「sampling distribution」の訳ですが，日本語の多くの教科書では「標本分布」と訳されています。しかし，実際に得られた標本の分布（こちらは「sample distribution」といいます）と明確に区別するために，本書では敢えて「抽出分布」という言葉をあてました。いずれにしても，この考え方はこの後の推測統計の肝になりますので，本を読んで理解するだけでなく，実際に自分で練習問題を解いて理解を深めることをお勧めします。

第 7 講から**第 11 講**では，推測統計の 2 本の柱として**推定**と**仮説検定**を学びます。これらは，ここまでで学習した確率変数や抽出分布の考え方がしっかりと身についていれば，スムーズに理解することができると思います。また，推定や仮説検定は非常に強力な手法ですので，正確に理解したうえで使いこなすことができるようになって欲しいと思います。

最後に，**第 12 講**から**第 15 講**は，代表的な統計モデル分析である**回帰分析**とそれを補完するための**分散分析**を学びます。回帰分析は，実際の統計分析の中で最も頻繁に用いられる手法の一つで，**第 11 講**までで学んだ知識が役に立つことを実感できると思います。

統計学を学ぶうえでのもう一つの留意事項は，頭で理解するのと具体的な問題を解決することに大きな隔たりがあることです。ですので，それぞれの段階で演習問題を解いてみることは非常に大切です。もし，本書を読み進めていくうちに，どこかで「難しいな」と感じたら，各講末に**《理解度チェック》**として基本的な事項の復習がありますので，それを行ってみて下さい。加えて，***《Exercises》***として理解を進めるための演習問題を付けていますので，ぜひ自分で解いてみてください。さらに，**《調べてみよう》**や**《考えてみよう》**は，各段階で学んだ統計学の知識を実際に使ってみるためのヒントを提案しています。

1.5 表計算ソフトをつかってみよう

本書の多くの章では，表計算ソフトである Microsoft Excel 2016 を用いて，学んだ事柄を実際のデータで使ってみるための説明を加えています。データの取得は，近年のインターネットの普及によってますます身近な作業になっています。

図 1–5 は，図 1–2 のデータを Excel に入力した画面です。このように，特別な事情がない限り変数を横に並べ，それぞれの観測値を縦に並べるように配置するのがよいでしょう。そして，第一行は変数の名前を，第一列には観測値の名前を入力するのがよいと思います。なお，本書で用いる Excel ファイルは，新世社のウェブサイト（http://www.saiensu.co.jp）内のサポートページ欄からダウンロードすることができます。

■ Excel の基本操作

青色の線で囲まれたセルは，いままさに入力作業ができるセルでアクティブ・セルと呼ばれます。これは，キーボードの矢印キーを押すことで上下左右に移動させることができます。さらに，アクティブ・セルを操作するためにいくつかの便利な方法があります。まず，Ctrl＋矢印キーを押すことで，アクティブ・セルがその矢印方向のデータ末尾に移動します。また，Ctrl＋Shift＋矢印キーを押すと，現在のセルから矢印方向のデータ末尾までのセルを一括して**範囲指定**することができます。範囲指定とは，複数のセルを同時に操作対象にしている状態で，それらのセル全体が灰色になっています。さらに，Shift＋矢印キーを押すことで，指定した範囲をその矢印の方向に一つだけ拡大することができます。

Excel の最も基本的でまた実用的な機能は，複数のセルに入力されているデータを用いた計算を行うことです。例えば，いまセル D2 に＝B2＋C2 と入力してみましょう。すると，D2 のセルにはその通りの計算結果が表示されます。また，C の列に入力されているデータの増加分を D の列に表示したい場合は，まず，D3 のセルに＝C3−C2 と入力します。これで，D3 に

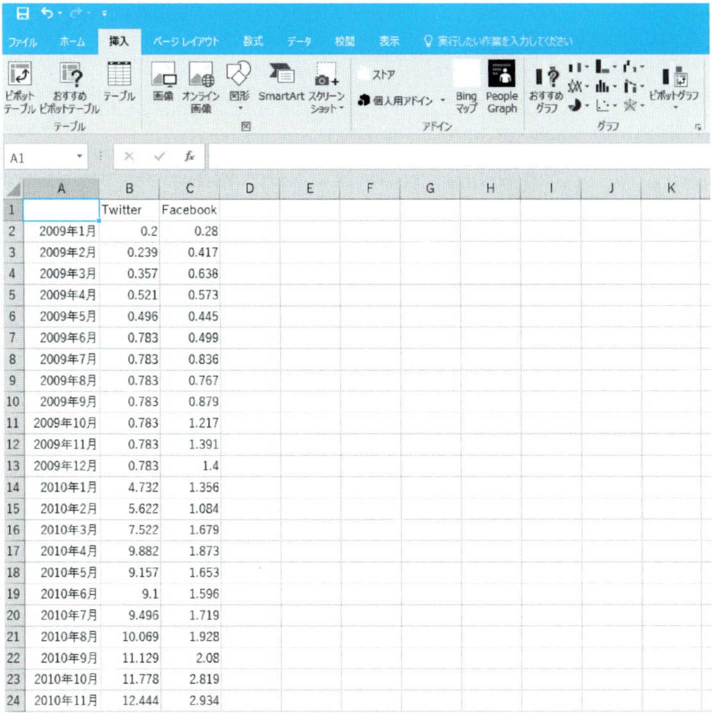

	A	B	C
1		Twitter	Facebook
2	2009年1月	0.2	0.28
3	2009年2月	0.239	0.417
4	2009年3月	0.357	0.638
5	2009年4月	0.521	0.573
6	2009年5月	0.496	0.445
7	2009年6月	0.783	0.499
8	2009年7月	0.783	0.836
9	2009年8月	0.783	0.767
10	2009年9月	0.783	0.879
11	2009年10月	0.783	1.217
12	2009年11月	0.783	1.391
13	2009年12月	0.783	1.4
14	2010年1月	4.732	1.356
15	2010年2月	5.622	1.084
16	2010年3月	7.522	1.679
17	2010年4月	9.882	1.873
18	2010年5月	9.157	1.653
19	2010年6月	9.1	1.596
20	2010年7月	9.496	1.719
21	2010年8月	10.069	1.928
22	2010年9月	11.129	2.08
23	2010年10月	11.778	2.819
24	2010年11月	12.444	2.934

図 1–5　Excel の画面

は C2 から C3 の増加分が計算されるようになります。そのように計算した増加分を，次の月以降についても計算するには，もちろん D4 のセルに数字を 1 つずらした式を入力していっても可能ですが，ドラッグと呼ばれる便利な方法があります。いま，D3 のセルをアクティブにし，セルの右下角を左クリックしたままセルを下に引っ張ります。こうすることで，最初のセルに入力された計算式が，行番号のみを変えて順次コピーされていきます。

■ データ分析ツールの準備

Excel へのデータ入力が完了して，基本的な操作ができるようになったら，後の章のために，次に手順を行うことで［データ分析ツール］のアドイン機

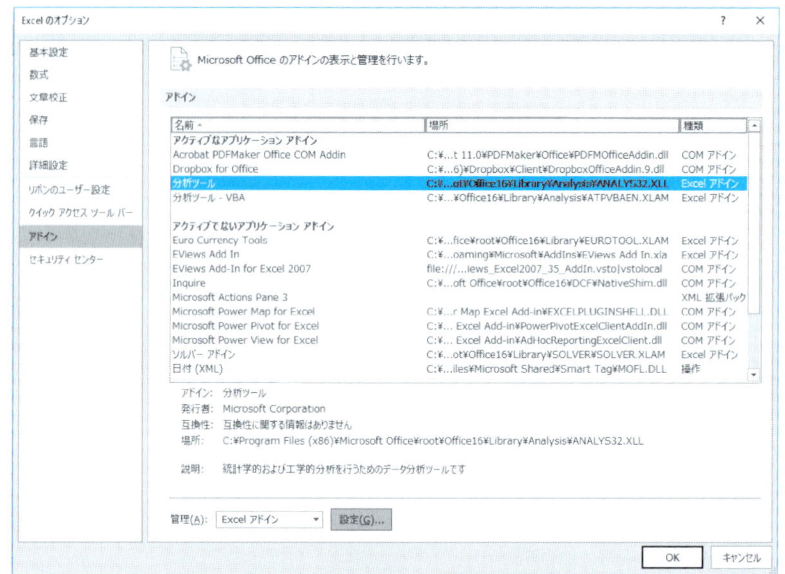

図 1-6　Excel でのアドインの追加

能（追加的な機能のことです）を使用可能にしておいて下さい。この機能は，新しく Excel をインストールした段階ではメモリ使用量を節約するために使用可能になっていませんので，みなさんが個別に使用可能にする必要があります。

まず［ファイル］のタブを選び，一番下の［オプション］を選択すると，図 1-6 のようなポップ・アップ・ウィンドウが開きます。ここで，左側のメニューから［アドイン］を選択し，画面中央のリストの中から［分析ツール］を選んで［設定］を押します。新しく出てくるポップ・アップ・ウインドウの［分析ツール］にチェックを入れて［OK］を押せば設定は完了です。元の画面に戻ってメニューバーの［データ］のタブを選び，右の方に［データ分析］のアイコンが出ていることを確認して下さい。

■ Active Learning

《理解度チェック》

□1　記述統計の目的と推測統計の目的をそれぞれ答えなさい。

□2　表 1–1 のデータを分析する際に，「定期（乗車人員)」および「定期外（乗車人員)」を変数と扱い，「東京」,「有楽町」などを観測値として扱いました。それとは反対に，「東京」を変数として，「定期」および「定期外」を観測値とすることの問題点を述べなさい。(ヒント：どのようなメカニズムを考えることができるかを考えなさい。)

《調べてみよう》

身近にあるデータを Excel に入力し，そのデータの中に変数と観測値がいくつあるかを考えましょう。そのうえで，母集団がどのようなメカニズムを持っているのかを考えてみましょう。

第２講
記述統計（1）：図表を用いる方法

■「一つのグラフは千個の統計量に勝る」という言葉があります。標本として得られたデータを表にまとめたりグラフを描いてみることは，データの背後にあるメカニズムを理解するための第１歩といえます。本講では，得られた標本を効果的に表現するための図や表の作り方を学びます。

2.1 質的データの図表

変数は，質的変数か量的変数に区分することができます。質的変数とは，例えば日本や中国といったような顧客の「国籍」であったり，輸送用機械や不動産といったような取引先企業の「業種」であったり，数値ではない観測値を発生する変数です。一方で，量的変数とは，例えば株価指数であったり，あるスーパーマーケットの売上高であったり，日々の最高気温であったり，数値の観測値を発生する変数です。

本節では，質的変数について得られたデータを図表でまとめる方法を学びます。例えば，表 2–1 のように 2016 年における訪日外国人のデータが得られたとします。ここにはスペースの都合上 11 人分のデータしか表示されていませんが，実際には訪日外国人客に調査員が空港や港などで聞き取り調査をして得られた 39956 人分のデータがあります。

変数は，「出身地」，「年齢」，「滞在日数」の３つを取り出しており，「出身地」は質的変数で，「年齢」および「滞在日数」は量的変数です。そこで，本節では訪日外国人 39956 人の「出身地」を図表でまとめる方法を例にとって紹介します。

表 2-1　訪日外国人データ

出身地	年　齢	滞在日数
香　港	19	7
その他	17	7
米　国	18	14
香　港	19	7
中　国	20	2
韓　国	21	4
中　国	28	10
韓　国	22	4
韓　国	24	6
中　国	24	6
その他	25	4
⋮	⋮	⋮

表 2-2　度数分布表（質的変数）

訪日外国人の出身地

カテゴリー	度　数	相対度数
韓　国	15829	0.40
中　国	6203	0.16
台　湾	4283	0.11
香　港	1085	0.03
米　国	2979	0.07
その他	9577	0.24
合　計	39956	1.00

（出所）観光庁　訪日外国人消費動向調査（2016 年）

■ 度数分布表（質的変数）

表 2-2 のような表を**度数分布表**と呼びます。左の列は観測値を分類したもの（カテゴリー）で，**階級**といい，変数がとった全ての値が網羅されています。中央の列には，それぞれの値をとった観測値の数を**度数**として表しています。また，右の列にはそれぞれの階級の度数を度数の合計で割った**相対度数**を表しています。この度数分布表からは，訪日外国人の多くは韓国，中国，台湾といったアジアの国の出身であったことがわかります。また，相対度数をみると，訪日外国人のうち韓国出身者の割合は 40％に及んだことなども

わかります。

■ 棒グラフ・円グラフ

質的変数から得られたデータを図で表す際に，階級の度数に興味がある場合には，図 2–1 のような**棒グラフ**を用います。棒グラフでは，棒の高さがそれぞれの階級の度数を表します。また，階級の相対度数に興味がある場合には，図 2–2 のような**円グラフ**を用います。円グラフは，円に占める面積がそれぞれの階級の相対度数を表します。

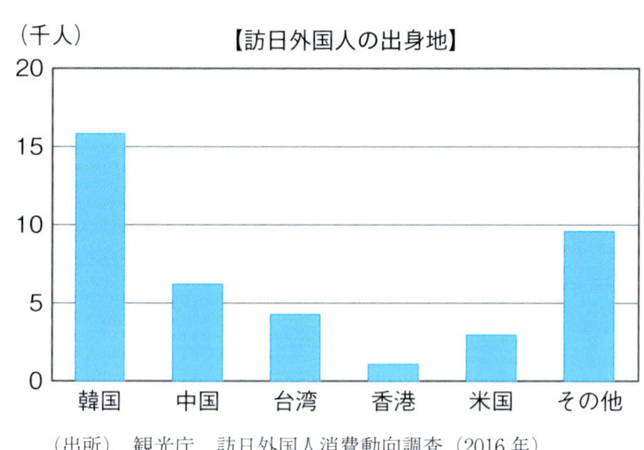

（出所） 観光庁 訪日外国人消費動向調査（2016 年）

図 2–1 棒グラフ

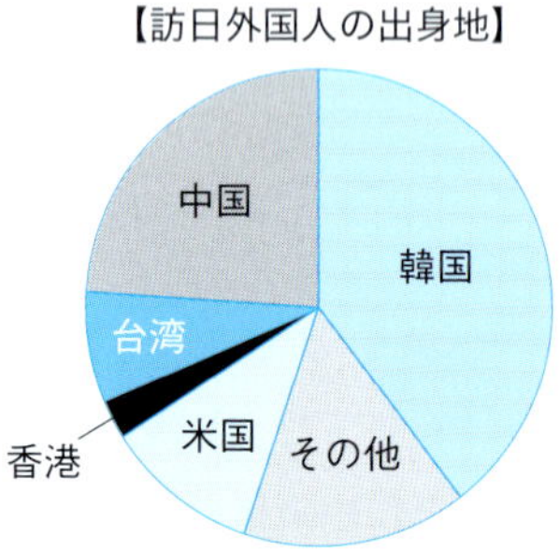

【訪日外国人の出身地】

（出所） 観光庁 訪日外国人消費動向調査（2016 年）

図 2–2 円グラフ

2.2 量的データの図表

次に，量的変数について得られたデータを図表でまとめる方法を学びます。ここでは，量的変数である訪日外国人の「年齢」と「滞在日数」を図表でまとめる方法を例にとって紹介します。

■ 度数分布表（量的変数）

量的変数についても質的変数と同じように**度数分布表**を作成することができます。しかしながら，量的変数がとる値が非常に多い場合には，変数がとった全ての値をいくつかの階級に分ける必要があります。（階級をビンと呼ぶこともあります。）

データの分布を正確に要約するという観点から，実際に得られたデータに基づいて階級の幅を決める方法があります。最も簡単な方法は，まず階級の数を決め，次にそれぞれの階級の幅が同じになるように決めます。この場合には，全ての階級の幅は

$$階級の幅=\frac{最大の値-最小の値}{階級の数}$$

を目安として，小数点以下を繰り上げるなどしてわかりやすい値に設定したり，度数が小さい階級をまとめたりすることがあります。

一方で，階級を定める際には，わかりやすい表となるように工夫する必要があるのも確かです。この観点から，「年齢」では，例えば10歳を階級の幅として，度数の少ない19歳以下や70歳以上では階級の幅を大きくとるのがよいでしょう。「滞在日数」の例では，3日くらいが短期滞在の一つの目安となり，7日（1週間）や28日（4週間）などは「きり」がよいので，これらの値を境界に用いて階級を定める場合もあります。

上記で説明したいずれの方法を用いるにしても，隣接する階級で抜かされる値や重複する値がなく，全ての観測値が網羅されるように気をつけま

表 2–3　度数分布表（量的変数）

訪日外国人の年齢

階　　級	度　　数	相対度数
19 歳以下	1664	0.04
20–29 歳	13002	0.33
30–39 歳	11482	0.29
40–49 歳	7197	0.18
50–59 歳	4175	0.10
60–69 歳	1938	0.05
70 歳以上	498	0.01
合　　計	39,956	1.00

（出所）　観光庁　訪日外国人消費動向調査（2016 年）

しょう。最後に，それぞれの階級に含まれる度数や相対度数を記載します。表 2–3 は「年齢」の度数分布表で，ここから「20–29 歳」が最も多く，全体の 33％に上ったことなどがわかります。

■ ヒストグラム

ヒストグラムとは，図 2–3 のように横軸に階級をとり，縦軸に各階級に含まれる度数を柱の高さで表したグラフのことです。ヒストグラムを描くことで，観測値がどの階級で頻繁に発生するのか，というデータの分布を示すことができます。また，各柱の相対的な面積がその階級の相対度数になっていることも特徴です。

なお，データの分布を正確に要約するという観点からは，階級の幅が異なる場合は，各柱の相対的な面積がその階級の相対度数になるように柱の幅と高さを調整することがあります。図 2–3 では，「19 歳以下」と「70 歳以上（便宜的に 70–89 歳としています）」は他の階級の 2 倍の幅ですので柱の幅を 2 倍にしています。その場合は，各柱の相対的な面積がその階級の相対度数になるように，その 2 つの階級の柱の高さを度数分布表で与えられた度数の 1/2 にします。

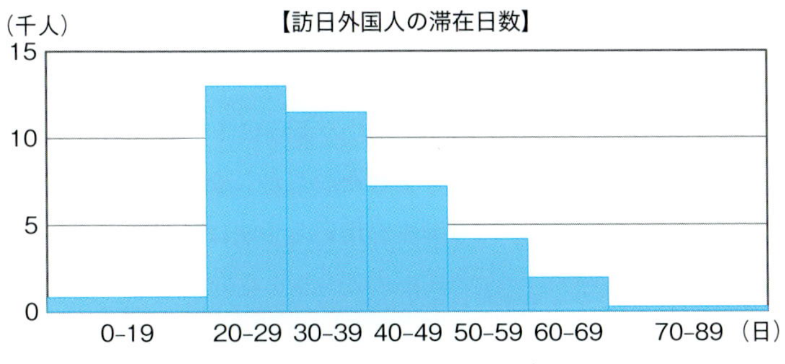

（出所） 観光庁 訪日外国人消費動向調査（2016 年）

図 2–3 ヒストグラム

（注） 「訪日外客」とは，国籍に基づく法務省集計による外国人正規入国者から日本に居住する外国人を除き，これに外国人一時上陸客等を加えた入国外国人旅行者のことを指す。
（出所） 日本政府観光局（JNTO）

図 2–4 折れ線グラフ（時系列プロット）

■ 折れ線グラフ・時系列プロット

量的変数の時間的な推移を表すには，**折れ線グラフ**（**時系列プロット**と呼ばれることもあります）を用います。折れ線グラフは，図 2–4 のように横軸に時間，縦軸に変数の値をとります。

このグラフでは，2003 年 1 月から 2016 年 12 月までの月次の訪日外客数を表しており，2013 年頃から増加したことがわかります。

2.3 2つの変数の関係を表す図表

ここまでは,「出身地」や「滞在日数」のように1つの変数から得られたデータをまとめる方法を紹介してきました。しかしながら，複数の変数から得られるデータをまとめる際にも図表を用いる手法は効果的です。本節では,2つの変数の関係を図表を用いてまとめる方法を紹介します。

■ 交差度数分布表

交差度数分布表とは，表2–4のように2つの変数の階級をそれぞれ行と列にとり，その交差するところに観測値の度数を記した表です。ここでは，質的変数である「出身地」と量的変数である「滞在日数」を用いています。例えば，交差度数分布表の「韓国」の列をみると，韓国出身で滞在日数が「3日以内」の訪日外国人は5401人であったことがわかります。また，米国出身の訪日外国人で滞在日数が「7日以上14日未満」の人数は1158人で，滞在日数が「4日以上7日未満」の人数779人を上回ったこともわかります。

■ 散布図

2つの変数がいずれも量的変数である場合には，散布図を用いて2つの変数の関係をグラフで表すことができます。散布図とは，2つの変数の値を縦軸と横軸にとり，全ての観測値を対応する点で表した図です。散布図をみると，それぞれ変数の値がどの辺りに多いのかということに加え，2つの変数の間の関係をみてとることができます。例えば，図2–5は「年齢」を横軸にとり,「滞在日数」を縦軸にとった散布図ですが，やや右上がりの関係がみられることから，年齢が高くなるにつれて滞在日数が長い傾向があったことがわかります。

表 2-4　交差度数分布表

訪日外国人の出身地と滞在日数

（人）

		出身地					
		韓　国	中　国	台　湾	香　港	米　国	その他
滞在日数	3 日以内	5401	101	190	26	295	545
	4 日以上 7 日未満	8932	3101	2974	565	779	2573
	7 日以上 14 日未満	1115	2349	919	403	1158	3725
	14 日以上 21 日未満	112	197	73	18	420	1543
	21 日以上 28 日未満	61	75	40	3	97	399
	28 日以上 91 日未満	141	242	67	4	152	608
	91 日以上 1 年未満	71	121	34	2	66	259

（出所）　観光庁　訪日外国人消費動向調査（2016 年）

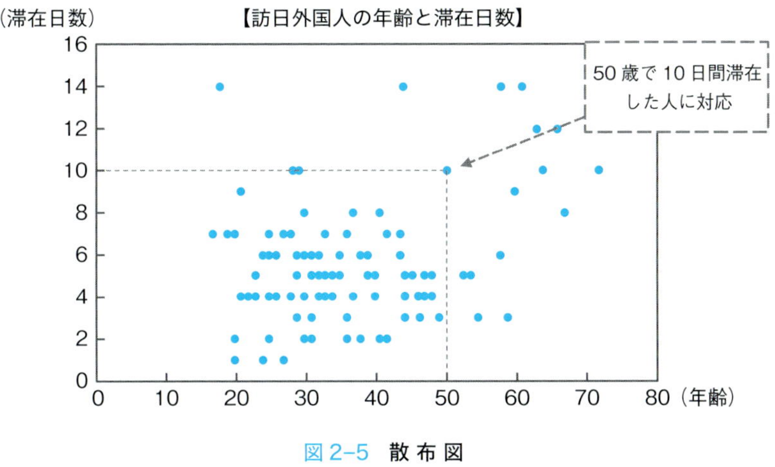

図 2-5　散 布 図

2.4　Excel を用いた図表の作成

Excel では，メニューバーにある［挿入］のタブ中に，図 2-6 のようなグラフ作成アイコン（アイコンとは絵柄のことです）があり，本講で紹介した

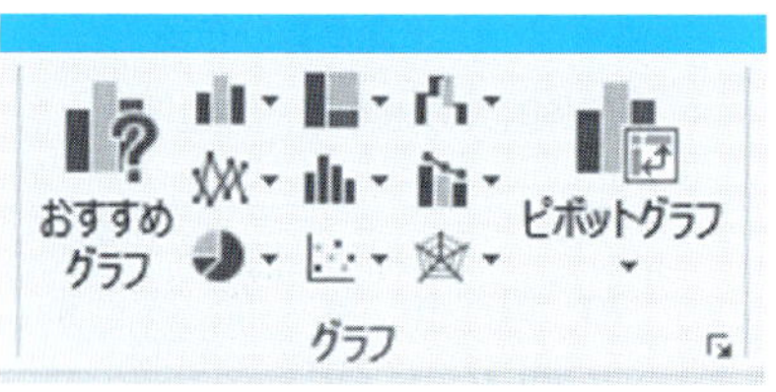

図 2–6　Excel のグラフ作成アイコン

ファイル　ホーム　挿入　ページ レイアウト

A1　出:

	A	B	C
1	出身地	年齢	滞在日数
2	香港	19	7
3	その他	17	7
4	米国	18	14
5	香港	19	7
6	中国	20	2
7	韓国	21	4
8	中国	28	10
9	韓国	22	4
10	韓国	24	6
11	中国	24	6
12	その他	25	4
13	韓国	25	6
14	香港	26	6
15	米国	27	7

図 2–7　訪日外国人データ

ような様々なグラフを指定できるようになっています。図 2–7 には，訪日外国人データ（疑似データです）を表示しています。A 列は「出身地」，B

列は「年齢」，C 列は「滞在日数」が入力されています。

■ 質的データの図表

まず，「出身地」の度数分布表を作成します。

「出身地」は質的変数ですので，これを扱うにはピボット・テーブル機能を用いるのが便利です。データが含まれる全てのセルを範囲指定し，[挿入] にある [ピボット・テーブル] のアイコンをクリックします。すると，図 2–8（上図）のフィールドが現れます。ここで，フィールドにある「出身地」変数を行のフィールドへドラッグすると，図 2–8（下図）のような度数分布表が作成されます。

次に，度数分布表を棒グラフに表してみます。観測値（[行ラベル]）および度数（[データの個数]）の全てを範囲指定し，グラフ作成アイコンにある

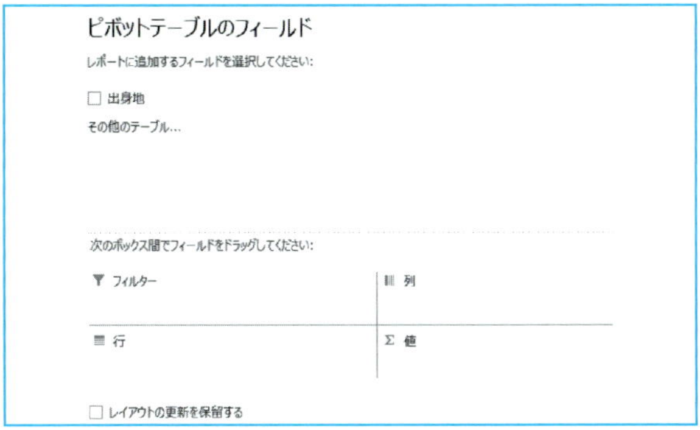

ピボットテーブルのフィールド
レポートに追加するフィールドを選択してください:
☐ 出身地
その他のテーブル...
次のボックス間でフィールドをドラッグしてください:
フィルター
列
行
値
☐ レイアウトの更新を保留する

行ラベル	データの個数 / 出身地
米国	8
中国	16
台湾	10
香港	8
韓国	40
その他	18
総計	**100**

図 2–8　ピボット・テーブルによる度数分布表の作成

［棒グラフ］をクリックすると，同じワークシート上に棒グラフが作成されます。

また，円グラフとして表示する場合には，同じように観測値および度数の全てを範囲指定し，グラフ作成アイコンの［円グラフ］をクリックすると，それぞれの値の相対度数に応じた面積が塗り分けられた円グラフが作成されます。

■ 量的データの図表

まず，「年齢」を例として，表 2–3 と同じ階級を用いた度数分布表とヒストグラムを作成します。

その準備として，E の列には各階級の上限値（19，29，39，…，69）が縦に入力されています。次に，［データ］のタブにあるデータ分析のアイコンをクリックすると，図 2–9（上図）のように，データ分析を行うことができる幾つかの機能がポップ・アップ・ウィンドウの形で現れます。

ここで，［ヒストグラム］を選択して［OK］をクリックすると，図 2–9（下図）の画面が現れますので，［入力範囲］に「年齢」のデータ範囲を，［データ区間］に各階級の上限値の範囲を指定し，［グラフ作成］にチェックを入れて［OK］をクリックすると，度数分布表とヒストグラムが作成されます。

なお，このように作成されるヒストグラムでは階級の幅により棒の幅と高さが調整されていませんので，背後にあるデータの分布を正確にみてとるには注意が必要です。

また，元のデータから直接ヒストグラムを作成するには，「年齢」のデータ範囲を指定し，グラフ作成アイコンの［ヒストグラム］をクリックして作成することもできます。この際に出力されるグラフでは，スコットの正規化基準ルールといわれる特定の規準を用いて階級の幅が決められています。

次に，折れ線グラフを作成します。図 2–10 には，2003 年 1 月から 2016 年 12 月の訪日外客数のデータが表示されています（ダウンロードしたファイルのもの）。C 列に入力されたデータを範囲指定し，グラフ作成アイコンの

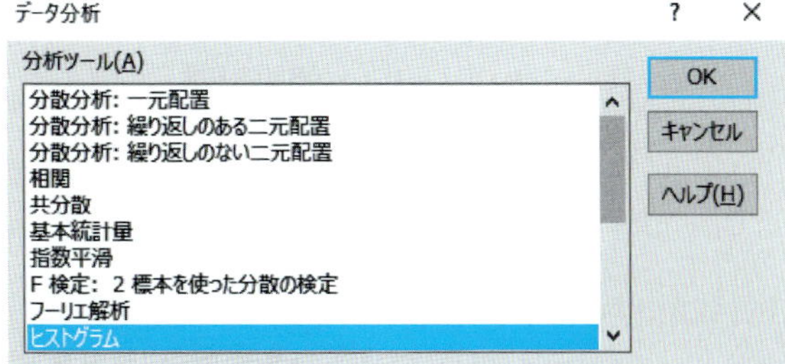

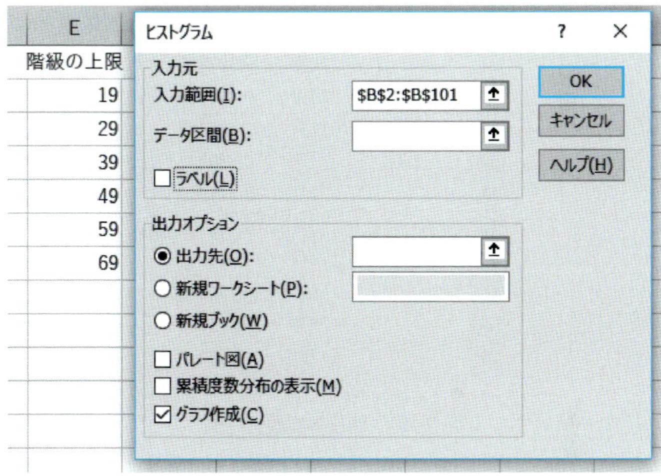

図 2–9　データ分析ツールによるヒストグラムの作成

［折れ線グラフ］をクリックすると，折れ線グラフが作成されます。

最後に，訪日外国人データに戻り「年齢」と「滞在日数」の**散布図**を作成します。2 つの変数のデータを 2 列に並べた状態で範囲指定を行い，グラフ作成アイコンの［散布図］をクリックすると，左側の列のデータを横軸に，右側の列のデータを縦軸にとった散布図を作成することができます。

■ きれいなグラフを作る

以上のようにグラフを作成するときには，なるべく「きれいな」形で作る

	A	B	C
1	年	月	訪日外客数
2	2003	1月	0.450847
3		2月	0.394869
4		3月	0.456614
5		4月	0.354054
6		5月	0.288562
7		6月	0.352431
8		7月	0.515692
9		8月	0.55038
10		9月	0.457574
11		10月	0.527859
12		11月	0.444435
13		12月	0.418408
14	2004	1月	0.538334
15		2月	0.417519
16		3月	0.488778
17		4月	0.546662
18		5月	0.50083
19		6月	0.505003
20		7月	0.61019

図 2-10　**訪日外客数データ**

ことを習慣にして下さい。いかなるグラフも，タイトル，凡例，目盛のラベルなどがあって初めて意味を持ちますので，グラフの内容を効果的に表すタイトルをつけ，誰がみてもわかる凡例，目盛，目盛ラベルを表示することは，グラフそのものを作成することと同等に重要です。さらに，必要のないタイトル，凡例，目盛，目盛ラベルを消去することは，データを効果的に要約する上で欠かせない作業です。また，公式な文書においては，それらの図で説明しきれない情報を，グラフの下に注意書きとして挿入することがあります。

■ Active Learning

《理解度チェック》

□1　質的データの度数を表すための表とグラフの種類を答えなさい。

□2　量的データの度数を表すための表とグラフの種類を答えなさい。

□3　量的データの時間的な動きを表すためのグラフの種類を答えなさい。

《調べてみよう》

プロ野球選手の成績データは，インターネットで比較的容易に取得できる個人データの一つです。チームを一つ選び，そのチームに所属する選手の属性でどのような質的変数と量的変数のデータが得られるかを調べてみましょう。また，打撃成績や投手成績で得られる量的変数をまとめるためには，どのような図表を用いるのが効果的かを考えてみましょう。

第3講
記述統計（2）：数値を用いる方法

■本講では，数値を用いてデータを要約する方法を紹介します。具体的には，1つの変数から得られたデータの位置やばらつきを要約する方法，さらに，2つの変数から得られたデータの関係を要約する方法を学びます。

3.1 データの中心

データを数値で要約することは，図や表で表すよりも正確であるばかりか，作成する手間や報告する文書に占めるスペースなどを考えても便利な場合が多くあります。このようにデータを要約する数値を**記述統計量**と呼びます。

本節では，データの中心を要約する記述統計量を説明します。

表 3–1 は，あるコンビニエンス・ストアの 2 つの店舗の月別売上高と販売促進キャンペーンの回数を示したデータです。総じて店舗 A の方が店舗 B よりも売上高が大きかったことがわかります。

このことを**第2講**で学んだグラフで見るために，図 3–1 では店舗 A の売上高のヒストグラムと店舗 B の売上高のヒストグラムを縦に並べて表しています。この 2 つのヒストグラムからは，店舗 A の売上高の中心はおよそ 1300 万円前後，店舗 B の売上高の中心は 900 万円前後であったことがわかります。

■平　均

データの中心を表す記述統計量のうち，最も基本的で重要なものは**平均**と呼ばれ，全ての観測値を足し合わせ，観測値の数で割ることで計算されます。このようにデータを変数からの観測値と捉えて集計する場合は，変数の名前

表 3–1　コンビニエンス・ストア 2 店舗のデータ

（万円，回）

	店舗 A		店舗 B	
	売上高	販売促進	売上高	販売促進
1 月	1309	2	932	2
2 月	1270	1	838	2
3 月	1349	0	922	1
4 月	1301	0	883	0
5 月	1128	0	892	0
6 月	1296	0	916	1
7 月	1242	0	902	2
8 月	1183	3	801	0
9 月	1314	0	820	1
10 月	1169	0	963	1
11 月	1230	0	945	2
12 月	1329	3	926	1

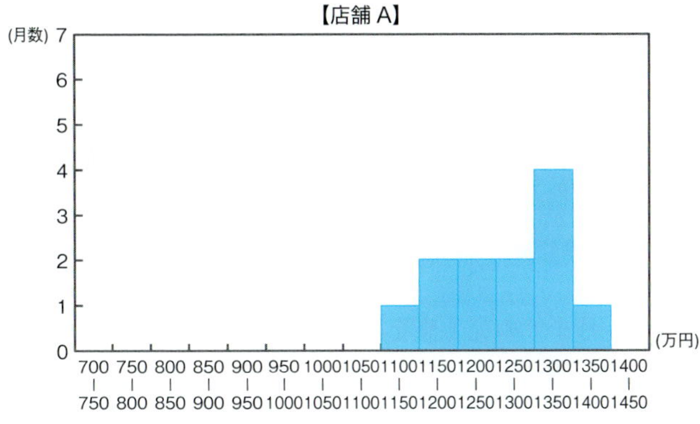

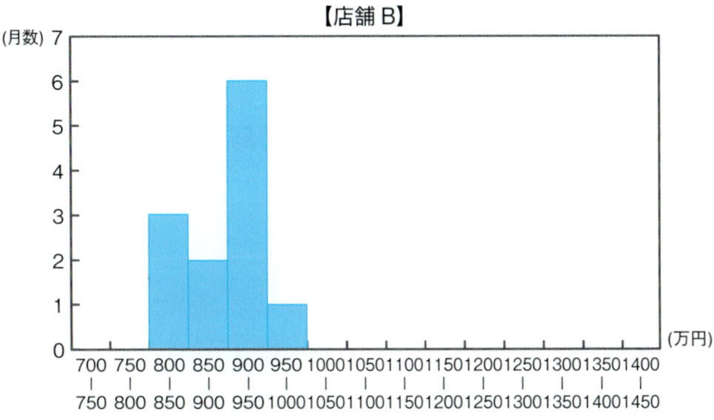

図 3–1　コンビニエンス・ストアの月間売上高のヒストグラム

の観測値を下付き添え字を用いて順番付けられた数列 $X_1, X_2, \cdots, X_N$ で表すのが便利です。データの平均をこの方法で表すと，次のようになります。

$$平均 = \frac{1}{N}\sum_{i=1}^{N} X_i$$

なお，右辺に出てくるギリシア文字の大文字シグマ（Σ）は**総和記号**と呼ばれ

$$\sum_{i=1}^{N} X_i$$

は数列 X_i を $i=1$ から $i=N$ まで足し合わせること

$$X_1 + X_2 + \cdots + X_N$$

を表します。総和記号のより詳しい性質は，**第 5 講**の補論にまとめてありますので，必要に応じて参照してください。

例：店舗 A の 1 月から 12 月までの売上高を数列 $X_1, \cdots, X_{12}$ とすると

$$\sum_{i=1}^{12} X_i$$

は，1 月から 12 月までの売上高を足し合わせること

$$1309 + 1270 + \cdots + 1230 + 1329 = 15120$$

です。この和を観測値の数 12 で割ったものが，平均の 1260 となります。また，店舗 B の売上高の平均を同様に求めると 895 となります。

この例では，店舗 A の売上高の中心は，店舗 B の売上高の中心よりも大きかったことがわかります。

■ 中央値（メディアン）

観測値を小さい順に並べたときに中央に位置する値を，データの**中央値（メディアン）**と呼びます。中央値もデータの中心を表す記述統計量になります。もし，観測値の数が奇数であれば，中央の観測値が 1 つ決まりますので，中央値はその値になります。観測値の数が偶数であれば，中央の観測値が 2

表 3–2　中央値の計算

店舗 A	
5月	1128
10月	1169
8月	1183
11月	1230
7月	1242
2月	1270
6月	1296
4月	1301
1月	1309
9月	1314
12月	1329
3月	1349

つになりますので，それらを足して 2 で割った数を中央値とします。

例：店舗 A の売上高を小さい順に並べると表 3–2 のようになります。また，観測値の数は偶数ですので，中央値は中央の 2 つの観測値を用いて

$$\frac{1270+1296}{2}=1283$$

となります。店舗 B の売上高の中央値を同様に求めると 909 となります。

この例では，中央値を用いたデータの中心は，平均 1260 よりもやや大きいものの，その違いは大きくありません。ところが，中央値は外れ値（他のほとんどの観測値とは大きく異なった観測値）に影響されにくいという利点があります。例えば，店舗 A の 3 月の売上高に入力ミスがあり 1349 ではなく 11349 と記録されてしまったとしましょう。この場合，平均を計算すると 2093.3 へ大きく増加しますが，中央値は 1283 のままであることがわかります。このように，外れ値があると中央値と平均との違いは大きくなります。1 つの入力ミスでデータ全体の要約が大きく変わるのは望ましくありませんので，このような場合は中央値の方がデータの中心をより的確に表していると考えられます。

■ 最頻値（モード）

データにおいて最も頻繁に起こった観測値を**最頻値（モード）**と呼びます。最頻値は表 3–1 の販売促進キャンペーンのように離散的な（とびとびな）値をとるデータの中心を表す記述統計量として用いられます。

例：店舗 A の販売促進キャンペーンの回数の最頻値は，0 の月が 8 回と最も多いため 0 となります。また，店舗 B の販売促進キャンペーンの最頻値を同様に求めると，1 の月が 5 回と最も多く 1 となります。

店舗 A の販売促進キャンペーンの回数の平均を計算すると 0.8 ですが，0.8 回の販売促進キャンペーンというものは考えられません。この場合，最頻値の 0 回を用いることで，よりわかりやすい数値でデータの中心を捉えることができます。

3.2 データのばらつき

データの中心は重要な概念ですが，それだけではデータの特徴を充分に捉えることはできません。図 3–1 をみると，店舗 A の売上高は店舗 B の売上高に比べて，ヒストグラムの幅が大きく，平均からのばらつきが大きかったことがわかります。経営者にとって売上高のばらつきが大きいことは，忙しい月とそうでない月の差が大きいことになりますので，この例でも，データのばらつきを要約することは重要です。本節では，データのばらつきを数値で要約する方法を学びます。

■ 分　散

データのばらつきを表す代表的な記述統計量は**分散**と呼ばれ，それぞれの観測値から平均を引いた値の二乗の平均として計算されます。データのばらつきが大きいと分散は大きな値をとり，ばらつきが小さいと分散は小さな値をとります。データの分散を数式で表すと，次のようになります。

$$分散=\frac{1}{N}\sum_{i=1}^{N}(X_i-Xの平均)^2$$

例：店舗 A の売上高データの分散は

$$\frac{1}{12}\{(1128-1260)^2+\cdots+(1349-1260)^2\}=4494.5$$

となります。また，店舗 B の売上高の分散を同様に求めると 2378.0 となります。

このように分散を比較することで，店舗 A の売上高の方が店舗 B の売上高よりもばらつきが大きかったことがわかります。

■ 標準偏差

標準偏差は分散の正の平方根をとったものです。分散は観測値を二乗して計算されるので，もとのデータと単位が一致していませんが，標準偏差はもとのデータと同じ単位で測られているという利点があります。

例：店舗 A の売上高データの標準偏差は

$$\sqrt{4495}=67.04$$

となります。また，店舗 B の売上高の標準偏差を同様に求めると 48.76 となります。

■ 変動係数

売上高のように常に正の値をとるデータについては，標準偏差を平均で割った**変動係数**を用いることがあります。

例：店舗 A の売上高の変動係数は

$$67.04\div1260=0.053$$

となります。なお，5.3％のように百分率で表示されることもあります。

また，店舗 B の変動係数を同様に求めると 0.054（あるいは 5.4%）となります。

変動係数は，標準偏差を同じ単位を持つ平均で割っており単位を持ちませんので，異なる単位で測られたデータのばらつきを比べる際に用いることができます。また，同じ単位で測られていても，そもそも平均が大きく異なる 2 つのデータのばらつきを比べるためには，分散や標準偏差よりも変動係数が好ましいことがあります。

■範　囲

観測値の**最大値**と**最小値**の差を**範囲**と呼びます。範囲もデータのばらつきを表す記述統計量となります。

例：表 3–2 をみると，店舗 A の売上高の最大値は 1349，最小値は 1128 ですので，範囲は

$$1349 - 1128 = 221$$

となります。また，店舗 B の売上高の範囲を同様に求めると，最大値は 963 で最小値は 801 ですので 162 となります。

■四分位点範囲と箱ひげ図

観測値を小さい順に並べ，上から 25%，50%，75% にくる値を**四分位点**と呼びます。特に 25% の四分位点を**第 1 四分位点**，75% の四分位点を**第 3 四分位点**と呼び，50% の四分位点は中央値になります。第 3 四分位点と第 1 四分位点の差は**四分位点範囲**と呼ばれ，データのばらつきを表す記述統計量となります。

具体的には，25%，50%，75% を P%，観測値の数を N として

$$(N+1) \times \frac{P}{100}$$

番目の値をそれぞれの四分位点とします。ただし，この値が小数点以下を持つときは次の例のように計算します。

例：店舗 A の売上高の第 1 四分位点は，表 3–2 の上から

$$(12+1)\times 0.25=3.25$$

番目の値となります。ただし，3.25 番目は存在しませんので，3 番目の値である 1183 と 4 番目の値である 1230 にそれぞれ P と $1-P$ を掛けて足し合わせます。つまり，第 1 四分位点は

$$1183\times 0.25+1230\times 0.75=1218.25$$

となります。同様の計算を行うことで，第 3 四分位点は

$$1309\times 0.75+1314\times 0.25=1310.25$$

となります。よって，店舗 A の売上高の四分位点範囲は

$$1310.25-1218.25=92$$

となります。また，店舗 B の売上高の四分位点範囲を同様に求めると 55.75 となります。

また，同様の方法で任意の **P％分位点**を計算することができます。

四分位点範囲は，中央値と同様に外れ値に影響されにくい利点があります。第 1 節の中央値のところで取り上げた店舗 A の 3 月の売上高が入力ミスで 11349 となった例を用いて，四分位点範囲が影響されないことを確かめてみて下さい。

また，このように四分位点を用いてデータのばらつきをみるためには，図 3–2 にあるような**箱ひげ図**が便利です。

箱ひげ図の一般的な描き方は次のようになります。

(1) 第 1 四分位点から第 3 四分位点までを**箱**の形で表します。

(2) 箱の中にある中央値（第 2 四分位点）に線を引きます。

(3) 箱の両端からそれぞれ最大値までと最小値までに線を引きます。この線を**ひげ**と呼びます。

また，(3) においてひげの長さを最大値や最小値までではなく，四分位点範囲の 1.5 倍の長さとして作成することがあります。この場合は，ひげの外側にある観測値を外れ値とします。

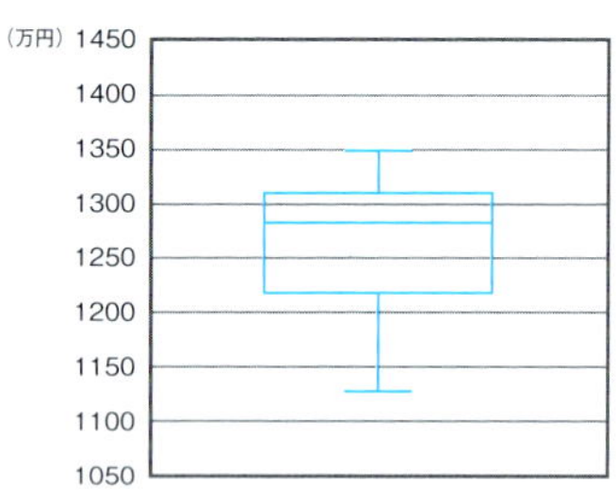

図 3–2　箱ひげ図：店舗 A の売上高データ

■ Z スコア

それぞれの観測値の位置を平均からの相対的な距離で表した値を **Z スコア**と呼びます。具体的には，以下のようにそれぞれの観測値から平均を引き，標準偏差で割ることで計算されます。

$$Z_i = \frac{X_i - X\text{の平均}}{X\text{の標準偏差}}$$

例：店舗 A の 1 月の売上高の Z スコアは

$$Z_1 = \frac{1309 - 1260}{67.04} = 0.73$$

となります。また，2 月の売上高の Z スコアは

$$Z_2 = \frac{1270 - 1260}{67.04} = 0.15$$

となります。このように，各月について計算することができます。

また，Z スコアが絶対値で 3 より大きい観測値を，外れ値とすることがあります。

3.3　2つの変数からのデータの関係

本節では，2つの変数からのデータの関係を記述統計量で要約する方法を紹介します。もし，店舗Aの売上高と店舗Bの売上高が右上がりの関係にあれば，店舗Aの売上高から店舗Bの売上高の傾向を見当づけることができますので，この例でもデータの関係を要約することは重要です。

■共分散

2つの変数の関係を表す代表的な記述統計量は**共分散**と呼ばれ，それぞれの観測値からそれぞれの平均を引いた値の積の平均として計算されます。2つの変数に右上がりの直線的な関係があれば共分散は正に，逆に右下がりのときは負になります。変数Xと変数Yの共分散を数式で表すと，次のようになります。

$$X\text{と}Y\text{の共分散}=\frac{1}{N}\sum_{i=1}^{N}(X_i-X\text{の平均})(Y_i-Y\text{の平均})$$

例：店舗Aと店舗Bの売上高をそれぞれXおよびYとすると，共分散は

$$\frac{1}{12}\{(1309-1260)(932-895)+$$

$$\cdots+(1329-1260)(920-895)\}=151.58$$

となります。

共分散は，もとのデータの単位が変わるとその値が変わります。そのため，単位によらない2変数の関係のみに注目したい場合は，共分散は適切な記述統計量とはなりませんので，次に紹介する相関係数が便利です。

■相関係数

相関係数は，共分散をそれぞれの変数の標準偏差で割った記述統計量です。

相関係数を数式で表すと，次のようになります。

$$XとYの相関係数=\frac{XとYの共分散}{(Xの標準偏差)\times(Yの標準偏差)}$$

例：店舗 A の売上高データと店舗 B の売上高データの相関係数は

$$\frac{151.58}{67.04\times48.76}=0.046$$

となります。

相関係数は，もとのデータの単位に関わらず，2 つの変数の直線的な関係の強さを表します。具体的には，必ず −1 から +1 の間の値をとり，+1 のときには観測値は右上がりの直線状に並びます。逆に，−1 のときには観測値は右下がりの直線状に並びます。また，0 に近いときは X と Y の間には直線的な関係がないことを示します。

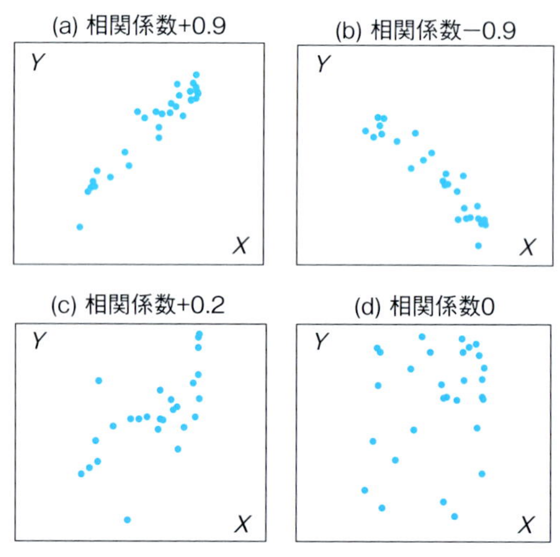

図 3–3　**相関係数と散布図**

図 3–3 は，4 つのデータで相関係数を計算しています。(a) は相関係数が＋0.9 と＋1 に近く，観測値が比較的きれいに右上がりの直線状になっています。これを強い正の相関があるといいます。(b) は相関係数が－0.9 と－1 に近く，観測値が比較的きれいに右下がりの直線状になっています。これを強い負の相関があるといいます。(c) は相関係数が＋0.2 と比較的 0 に近いため，弱い正の相関がある場合です。(d) は相関係数が 0 で相関がない場合です。

3.4 Excel を用いた記述統計量の計算

本節では，Excel を用いて記述統計量を計算します。個別の記述統計量を計算するには，Excel の関数機能を用います。一方で，多くの記述統計量をまとめて計算するには，**第 2 講**でも用いたデータ分析ツールを用いる方法があります。

■ 関数機能を用いた計算

ワークシート上で，図 3–4 のようにセルの中に［＝］に続けて関数名を入力し，その後にデータ範囲を (B4:B15) のように入力します。データ範囲は，セルの名前を直接入力することで指定することもできますが，括弧の中にカーソルを入れた状態でマウスを左クリックしながらデータが入力されているセルを範囲指定することにより，自動的に入力することもできます。

■ データの中心を表す関数

データの中心を表す記述統計量は，次の関数を用いることで計算できます。平均は average，中央値は median，最頻値は mode を用います。例えば，セル B4 からセル B15 に入力されているデータの平均を計算したい場合は，=average(B4:B15) と入力すればよいわけです。また，データを合計する関数は sum です。

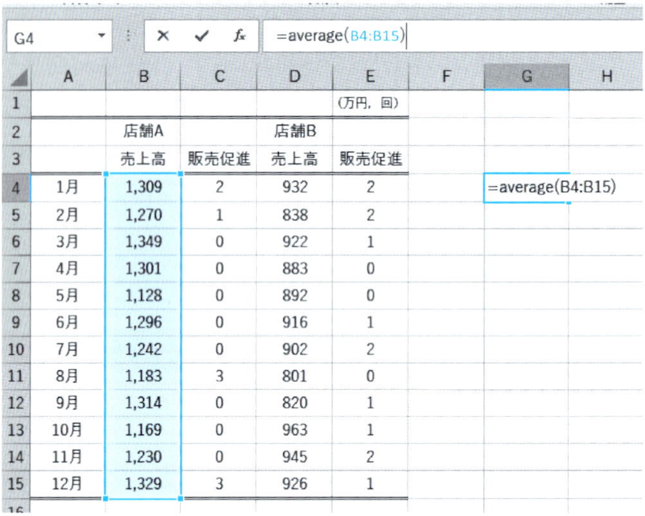

G4	=average(B4:B15)						
	A	B	C	D	E	F	G
1					(万円，回)		
2		店舗A		店舗B			
3		売上高	販売促進	売上高	販売促進		
4	1月	1,309	2	932	2		=average(B4:B15)
5	2月	1,270	1	838	2		
6	3月	1,349	0	922	1		
7	4月	1,301	0	883	0		
8	5月	1,128	0	892	0		
9	6月	1,296	0	916	1		
10	7月	1,242	0	902	2		
11	8月	1,183	3	801	0		
12	9月	1,314	0	820	1		
13	10月	1,169	0	963	1		
14	11月	1,230	0	945	2		
15	12月	1,329	3	926	1		

図 3-4　Excel の関数入力

■ データのばらつきを表す関数

データのばらつきを表す記述統計量については，分散は var.p，標準偏差は stdev.p を用います。.p は英語で母集団（population）を表しています。**第 7 講**で説明するように，標本分散および標本標準偏差の関数は，英語で標本（sample）の頭文字を用いた var.s および stdev.s です。また，データの最大値は max，最小値は min を用います。よって，範囲を計算する際には

=max(B4:B15)－min(B4:B15)

と入力します。四分位点を計算する関数は quartile で，その後に続ける括弧の中にデータ範囲を入力し，カンマで区切ってどの四分位点かを 1,2,3 で指定します。（なお，0 を指定すると最小値，4 を指定すると最大値が出力されます。）よって四分位点範囲を計算するには

=quartile(B4:B15,3)－quartile(B4:B15,1)

と入力します。最後に，箱ひげ図を作成する際には，**第 2 講**で説明したようにデータの範囲を指定して，グラフ作成アイコンの［箱ひげ図］をクリック

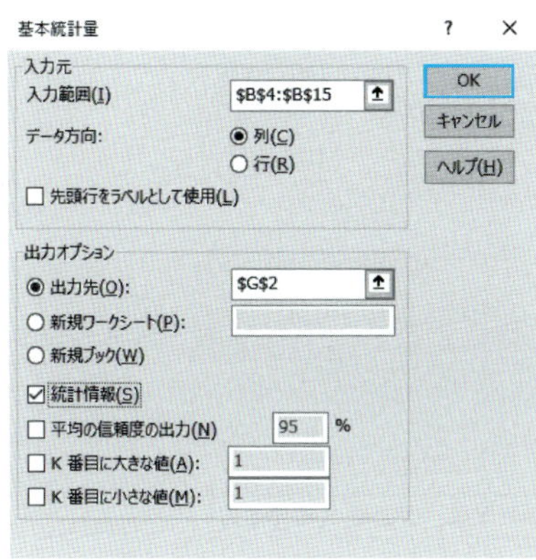

列1	
平均	1260
標準誤差	20.21363176
中央値（メジアン）	1283
最頻値（モード）	#N/A
標準偏差	70.02207444
分散	4903.090909
尖度	-0.674525139
歪度	-0.672907644
範囲	221
最小	1128
最大	1349
合計	15120
データの個数	12

図 3–5　Excel の基本統計量

すると作成されます。他のグラフと同様に，このように作成される箱ひげ図は目的に応じて調整する必要があります。

■ データの関係を表す関数

共分散を計算するには，covariance.p の後の括弧に 2 つの変数のデータ範囲をカンマで区切って入力します。例えば，店舗 A と店舗 B の売上高データの共分散は，=covariance.p(B4:B15,D4:D15) となります。相関係数は correl を用いて，=correl(B4:B15,D4:D15) となります。

■ データ分析ツールを用いた計算

第 2 講で用いたように，［データ］のタブの中にあるデータ分析のアイコンをクリックし，ポップ・アップ・ウィンドウで［基本統計量］を選択して［OK］を押すと，図 3–5（左図）のような画面が現れます。ここで，［入力範囲］にデータ範囲を指定し，［統計情報］にチェックを入れた状態で［OK］を押すと，出力先に図 3–5（右図）のような形で基本統計量がまとめて出力されます。

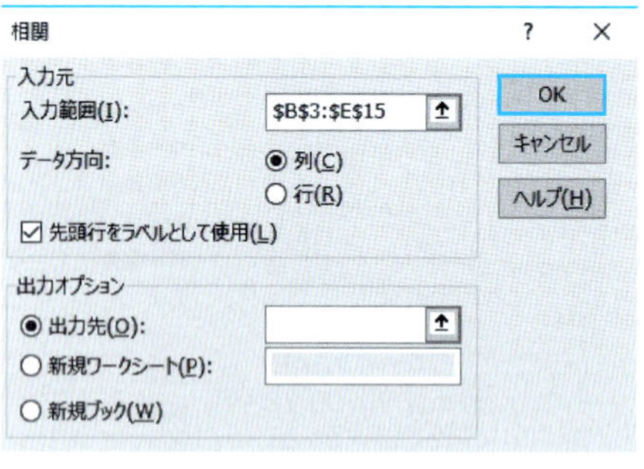

	売上高	販売促進	売上高	販売促進
売上高	1			
販売促進	0.089727	1		
売上高	0.046367	-0.25258	1	
販売促進	0.293071	-0.07074	0.328631	1

図 3–6　Excel の相関係数行列

また，データ分析ツールを用いると，3 つ以上の変数のそれぞれの組についての相関係数を一度に計算することができます。これを相関係数行列と呼びます。具体的には，データ分析のアイコンをクリックし，ポップ・アップ・ウィンドウで「相関」を選択して「OK」を押すと，図 3–6（上図）のような画面が現れます。ここで「入力範囲」にデータ範囲を指定し，「出力先」に相関係数行列を表示する場所を指定し，「OK」を押すと図 3–6（下図）のような相関係数行列が作成されます。

■ Active Learning

《理解度チェック》

□1　データの中心を表す記述統計量を 3 つあげ，外れ値がある場合にどれを用いるのが好ましいかを説明しなさい。

□2　データのばらつきを表す記述統計量である分散，標準偏差，変動係数はどのように計算されるかを説明しなさい。

□3　データのばらつきを表す記述統計量のうち，外れ値に影響されにくいものを答えなさい。

□4　2つの変数から得られたデータの直線的な関係の強さを表す記述統計量を答えなさい。

《調べてみよう》

第2講で取得したプロ野球選手のデータのうち，「打率」や「本塁打数」といった量的変数につき，本講で学んだデータの中心およびデータのばらつきを表す記述統計が各チームの間でどのように異なるかを計算してみましょう。また，「打率」と「本塁打数」の間に直線的な関係があるかを適切な記述統計を計算することで示してみましょう。

《*Exercises*》

問1　統計学の授業を受けた10人の学生の試験の点数が次のようになった。

87，72，96，23，78，90，84，100，87，73

(1) 平均，中央値，最頻値を計算しなさい。このデータの中心を表す方法として，どれが最も好ましいかを答えなさい。

(2) 分散，標準偏差，変動係数を計算しなさい。

(3) 最大値，最小値，範囲，四分位点範囲を計算しなさい。

(4) 外れ値があるかを，Zスコアを用いる方法および箱ひげ図を用いる方法で確認しなさい。

問2　ある出版社で教科書の校閲を行ったところ，1ページあたりの誤植の数が次の表のようになった。

誤植の数	ページ数
0	87
1	118
2	63
3	21
4	8
5	3
6	0

(1) 1ページあたりの誤植の数の平均，中央値および最頻値を計算しなさい。

(2) 1ページあたりの誤植の数の分散，標準偏差，変動係数を計算しなさい。

(3) 1ページあたりの誤植の数の四分位点範囲を計算しなさい。

問3　夏の6日間の最高気温とアイスクリームの売上個数が次のようになった。

最高気温（°C）	アイスクリームの売上個数
28	20
32	18
29	17
24	6
34	28
22	8

(1) 最高気温とアイスクリームの売上個数の共分散を計算しなさい。

(2) 相関係数を計算し，2つの変数の間にどのような関係があるかを説明しなさい。

(解答は，本書サポートページを参照。)

第４講
確　率

■本講からは，データの背後にあるメカニズムを解明する推測統計を学ぶ準備に入ります。推測統計は第７講以降で扱いますが，本講ではそのために必要な「確率」の決まりやその性質について説明します。

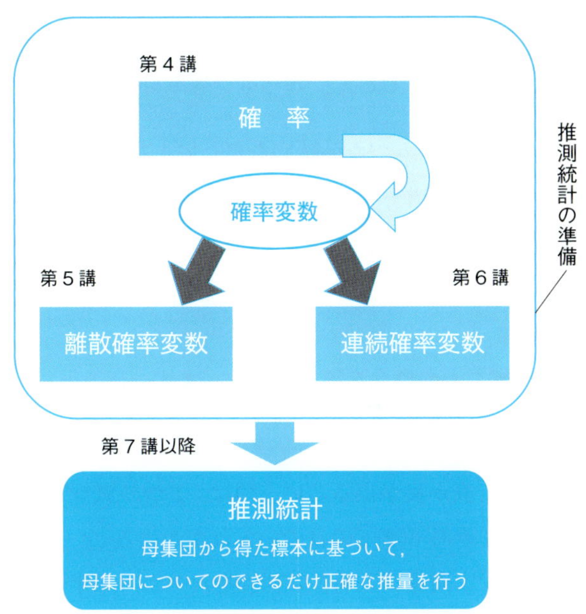

4.1 確率の決まり

確率という言葉は身近に使われますが，ある不確実なできごとの起きやすさを０から１までの数値で表したものです。本書でも確率という言葉をその意味で用いますが，本講ではそれを用いる際の「決まり」について考えます。

例えば，明日の天気について，次のような意見があります。

（甲さん）「明日は雨が降るか降らないかは全くわからないので，降る確率は 0.5 で降らない確率は 0.5 です。」

（乙さん）「天気予報によると，明日雨が降る確率は 0.8 ですので，雨が降らない確率は 0.2 です。」

乙さんの意見は，甲さんの意見よりももっともらしく聞こえます。ところが，これから説明する確率の決まりからすると，この 2 人の意見はいずれも正しいことになります。いま，次の意見が出たとしましょう。

（丙さん）「雨が降る確率は 0.8 で，降らない確率は 0.8 です。」

これは雨が降る確率とそうでない確率を足して 1 を越えてしまうので，明らかに誤りです。このように，本節では確率を用いるときに従うべき決まりについて学びます。

■ 試行・根元事象

説明のために，幾つかの概念を導入します。まず，ある偶然の結果を生じさせる過程を**試行**と呼びます。

例：コインを投げて表か裏が出るというのは，1 つの試行と考えられます。サイコロを振って 1 から 6 までの目のいずれかが出るというのも，1 つの試行と考えられます。同様に，明日の株価指数とか，来年の経済成長率というのも，それぞれ一つの試行と考えることができます。

試行により生じ得る結果の一つひとつを**根元事象**（こんげんじしょう）と呼びます。

例：コイン投げの試行には「表」と「裏」，サイコロを振るという試行には「1」，「2」，「3」，「4」，「5」，「6」という 6 つの根元事象があるように，

1つの試行には複数の根元事象があります。場合によっては，株価指数のように連続した値をとるために，無限にたくさんの根元事象がある場合もあります。

■ 標本空間・事象

全ての根元事象の集合を**標本空間**と呼びます。本書では，標本空間をSというアルファベットで表します。

例：コイン投げの標本空間は

$$S=\{表,\ 裏\}$$

サイコロを振る試行の標本空間は

$$S=\{1,\ 2,\ 3,\ 4,\ 5,\ 6\}$$

と書き表すことができます。

このように，不確実な出来事を標本空間の根元事象という形で表し，これらについて0から1までの確率を考えていきます。ところが，現実にはただ1つの根元事象のみならず，サイコロで「1か2の目が出る」というように，2つの根元事象を一つの出来事と考え，その出来事が起きる確率を考えることがあります。つまり，根元事象の**集合**（ここではAと呼びます）

$$A=\{1,\ 2\}$$

についても確率を考えることがあります。このため，根元事象の任意の集合を**事象**と呼び，より広範な出来事に対応させます。また，標本空間の全体Sを**全事象**と呼び，どの根元事象も含まない事象を**空事象**ϕ（ギリシア文字ファイ）と呼びます。

■ 積集合・和集合・余事象

現実には複数の事象に興味があることが多いので，複数の事象を扱うために，次のような記法を用います。まず，複数の事象に共通に含まれる根元事象の集合を**積集合**と呼びます。事象Aと事象Bの積集合は

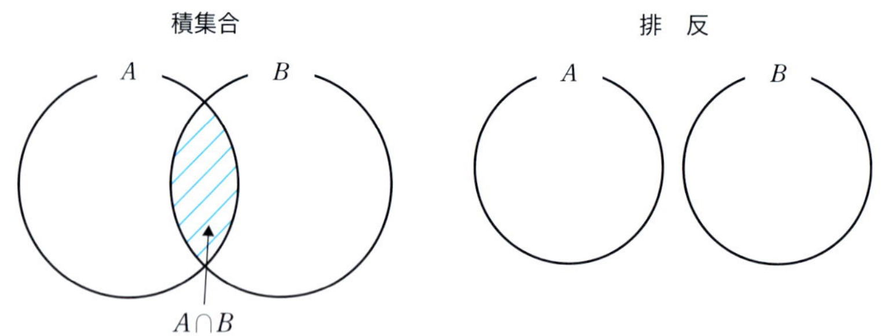

図 4–1　**積集合と排反のベン図**

$$A \cap B$$

と表します。これを図にしたのが図 4–1（左図）で，このように集合の関係を表す図をベン図といいます。

例：サイコロ投げの試行において，事象 A を「3 以上の目が出る」，事象 B を「偶数の目が出る」とすると，それらの積集合は

$$A \cap B = \{4,\ 6\}$$

と表すことができます。

共通の根元事象がない複数の事象を排反であるといいます（図 4–1 右図）。事象 A と事象 B が排反であれば

$$A \cap B = \phi$$

と表すことができます。

例：事象 A を「3 以上の目が出る」，事象 B を「2 以下の目が出る」とすると，それらには共通な根元事象がありませんので，事象 A と事象 B は

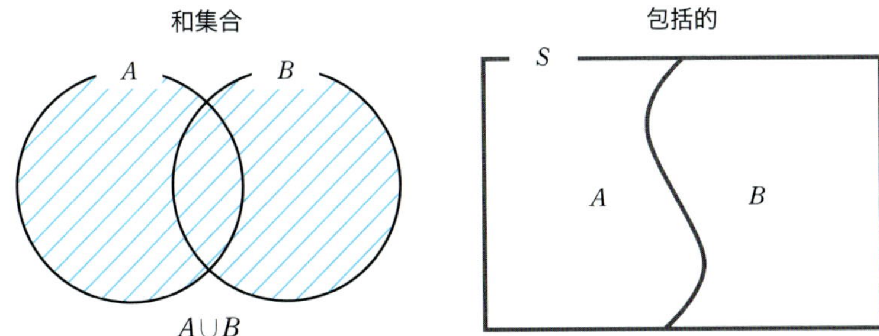

図 4–2　和集合と包括的のベン図

排反であるといえます。一方で，事象Aと事象C「偶数の目が出る」には共通の根元事象 4 と 6 がありますので，排反ではありません。

複数の事象のいずれかに含まれている根元事象の集合を**和集合**と呼び，事象Aと事象Bの和集合を

$$A \cup B$$

と表します。図 4–2（左図）のベン図の斜線部分全体が，事象Aと事象Bの和集合を表します。

例：事象Aを「3 以上の目が出る」，事象Bを「偶数の目が出る」とすると，それらの和集合は，「3 以上か偶数の目が出る」となり

$$A \cup B = \{2,\ 3,\ 4,\ 5,\ 6\}$$

となります。

事象Aと事象Bの和集合が全事象Sとなる場合，事象Aと事象Bとは**包括的**であるといいます。これは，図 4–2（右図）のベン図に表されています。

例：事象Aを「3 以上の目が出る」，事象Bを「2 以下の目が出る」とすると

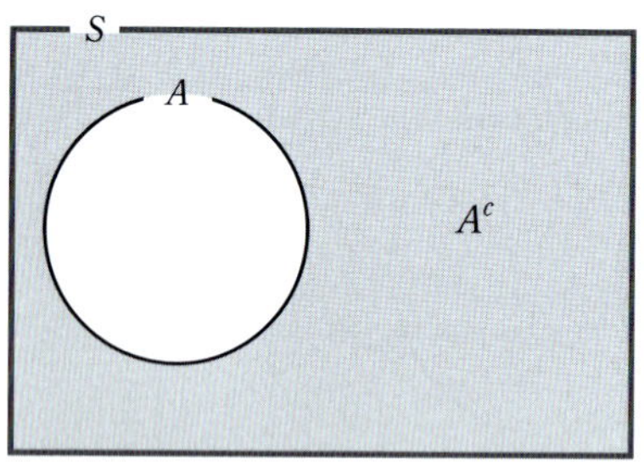

図 4–3　余事象のベン図

$$A \cup B = \{1,\ 2,\ 3,\ 4,\ 5,\ 6\} = S$$

となりますので，事象 A と事象 B は包括的です。

標本空間の中で事象 A に属さない根元事象の全てを A の**余事象**と呼び，A^c と表します。これをベン図で表すと図 4–3 のようになります。

例：事象 A を「3 以上の目が出る」とすると，その余事象は「2 以下の目が出る」ですから

$$A^c = \{1,\ 2\}$$

となります。

■ 確率の公理

以上のような事象に対して，実際に 0 から 1 の確率を割り当てることを考えます。事象 A が起きる確率は確率（probability）の頭文字である P を用いて

$$P(A)$$

と表します。

冒頭の甲さんと乙さんの意見の違いがあってもよいように，どの事象にどのような確率が割り当てられるかは自由です。しかしながら，丙さんの意見でわかるように，最低限の決まりがあります。これを**確率の公理**と呼びます。

●POINT4–1　確率の公理

1. 任意の事象 A が起きる確率は，0 以上 1 以下である。

$$0 \leq P(A) \leq 1$$

2. 全ての根元事象のうち，いずれかが起きる確率は 1 である。

$$P(S) = 1$$

3. 互いに排反な事象 A と事象 B につき，事象 $A \cup B$ が起きる確率は，事象 A が起きる確率と事象 B が起きる確率の和となる。

$$A \cap B = \phi \quad \Rightarrow \quad P(A \cup B) = P(A) + P(B)$$

確率の公理の 1 と 2 は，いずれも直感的に理解できると思います。また，全ての根元事象は排反ですから，確率の公理 3 を用いると，全ての根元事象に確率を割り当てることで，いかなる事象についても確率が割り当てられることがわかります。

■ 確率を割り当てる例

それでは，全ての根元事象に対して実際にどのような確率を割り当てるかの例として，次の 3 つを紹介します。

(1) 等確率

甲さんのように，全ての根元事象の確率が等しいと考えて，それぞれの根元事象に等しい確率を割り当てます。この場合，ある事象の確率はその事象に含まれる根元事象の数から決定されます。例えば，明日の天気という試行に対して「晴れ」と「雨」という 2 つの根元事象のみを考える場合，「晴れ」の確率は 0.5，「雨」の確率は 0.5 になります。

(2) 相対頻度に基づく確率

実際の実験や過去の記録等に基づき，ある根元事象が起こった回数が合計の回数に占める割合を，その根元事象の確率として割り当てます。この場合，「晴れ」と「雨」の確率は，場所や時代によって変わってきます。例えば，日本の多くの地域においては「雨」に割り当てられる確率は6月は高く，2月は低くなるでしょう。

(3) 主観的確率

個人の考えや直感に基づき，根元事象に確率を割り当てます。例えば，「雨」に割り当てられる確率はそれぞれの個人により確率は異なります。その結果，同じ日にも傘を持って出かける人と，傘を持たずに出かける人が出てきます。

この3つの例以外にも，冒頭の乙さんのように天気予報といった特定の情報を用いて割り当てるなど，確率の割り当て方は十人十色です。このように，根元事象に割り当てる確率 $P(\cdot)$ を決める方法は自由ですので，甲さんと乙さんのように確率についての意見の違いが出てきても構わないわけです。

4.2 確率の重要な性質

本節では，確率についての重要な性質を紹介します。いずれの性質も前節で学んだ確率の公理を用いて証明をすることができますので，実際に証明をしてみることは練習問題に回します。

まず，確率の公理3を用いると，ある事象 A とその余事象 A^c は排反で包括的ですから，それらが起きる確率を足すと1になることがわかります。

$$P(A)+P(A^c)=1$$

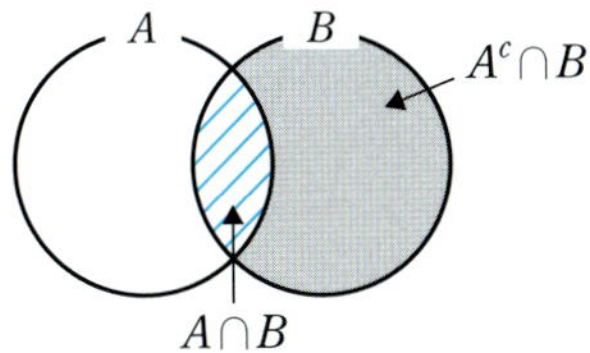

図 4–4　確率の性質を表すベン図

例：全ての目が等しい確率で出るサイコロを振る試行を考えます。事象 A を「3 以上の目が出る」とすると，その余事象は「2 以下の目が出る」ですので

$$P(A)+P(A^c)=\frac{4}{6}+\frac{2}{6}=1$$

となります。

事象 A と事象 B について，図 4–4 で表すように $A \cap B$ と $A^c \cap B$ は排反ですので，次の関係があることがわかります。

$$P(B)=P(A \cap B)+P(A^c \cap B)$$

例：全ての目が等しい確率で出るサイコロを振る試行を考えます。事象 A を「3 以上の目が出る」とすると，その余事象は「2 以下の目が出る」です。また，事象 B を「5 以下の目が出る」とすると

$$A \cap B=\{3,\ 4,\ 5\}$$

$$A^c \cap B=\{1,\ 2\}$$

ですから

$$P(A \cap B)+P(A^c \cap B)=\frac{3}{6}+\frac{2}{6}=\frac{5}{6}$$

となります。また

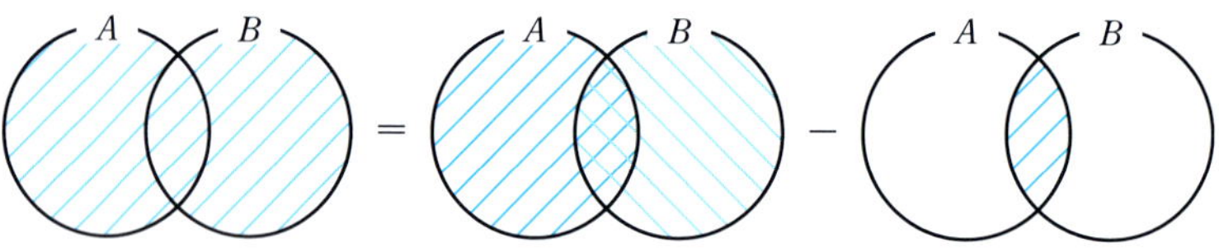

図 4–5　加法定理のベン図

$$P(B)=\frac{5}{6}$$

ですから，上の関係が成り立つことがわかります。

図 4–5 で表すように，事象 A と事象 B の和集合の確率には確率の加法定理と呼ばれる次の関係があることがわかります。

●POINT4–2　確率の加法定理

$$P(A\cup B)=P(A)+P(B)-P(A\cap B)$$

例：全ての目が等しい確率で出るサイコロを振る試行を考えます。事象 A を「3 以上の目が出る」，事象 B を「偶数の目が出る」とすると，事象 A と事象 B の和集合の確率は

$$P(A\cup B)=P(\{2,\ 3,\ 4,\ 5,\ 6\})=\frac{5}{6}$$

となります。一方で，確率の加法定理を用いても

$$\begin{aligned}P(A\cup B)&=P(A)+P(B)-P(A\cap B)\\&=P(\{3,\ 4,\ 5,\ 6\})+P(\{2,\ 4,\ 6\})-P(\{4,\ 6\})\\&=\frac{4}{6}+\frac{3}{6}-\frac{2}{6}=\frac{5}{6}\end{aligned}$$

と同じ結果が得られます。

4.3 条件付き確率と独立

■「条件付き確率」とは

いま，サイコロを振る試行において，もし「4 以上の目が出る」が起きていることがわかれば，4 か 5 か 6 のいずれかが出ていることになります。すると，「偶数の目が出る」が起きている確率は，「4 以上の目が出る」が起きていることがわからない場合よりも高くなるでしょう。

このように，ある事象が起きた条件での他の事象の起きる確率を**条件付き確率**と呼びます。具体的には，図 4–6 のように事象 A が起きた場合，事象 A^c は標本空間から除外されるため，事象 A を新たな標本空間と考え，その中での事象 B が起きる確率が事象 A が起きた下での事象 B が起きる条件付き確率です。記号では

$$P(B|A)$$

と表され，($P(A)>0$ であれば) 次のように計算されます。

$$P(B|A)=\frac{P(A\cap B)}{P(A)}$$

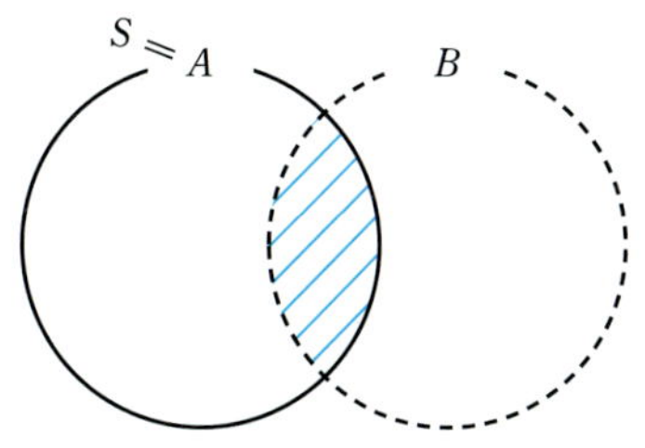

図 4–6　条件付き確率のベン図

例：全ての目が等しい確率で出るサイコロを振る試行を考えます。事象Aを「4以上の目が出る」，事象Bを「偶数の目が出る」とすると，事象Aが起きる確率は$\frac{1}{2}$で，事象Aと事象Bの積集合が起きる確率は$A \cap B = \{4, 6\}$が起きる確率の$\frac{1}{3}$ですので，事象Aが起きた条件での事象Bが起きる確率は

$$P(B|A) = \frac{P(A \cap B)}{P(A)} = \frac{\frac{1}{3}}{\frac{1}{2}} = \frac{2}{3}$$

となります。

同様に，事象Bが起きた下での事象Aが起きる条件付き確率は，（$P(B) > 0$であれば）AとBをひっくり返しただけの次の式で計算されます。

$$P(A|B) = \frac{P(A \cap B)}{P(B)}$$

条件付き確率の式から確率の乗法定理と呼ばれる有用な定理を導くことができます。

●POINT4−3　確率の乗法定理

$$P(A \cap B) = P(B|A)P(A)$$

あるいは

$$P(A \cap B) = P(A|B)P(B)$$

■「独立」の関係とは

互いに関係していない事象Aと事象Bを独立事象，あるいは事象Aと事象Bとが独立であるといい，次のように定義します。

●POINT4-4　独立事象

$$P(A \cap B) = P(A)P(B)$$

例：全ての目が等しい確率で出るサイコロを振る試行を考えます。事象 A を「偶数の目が出る」，事象 B「3 以上の目が出る」とします。$A \cap B = \{4,\ 6\}$ なので

$$P(A \cap B) = \frac{1}{3}$$

となります。また

$$P(A) = \frac{1}{2} \quad \text{および} \quad P(B) = \frac{2}{3}$$

なので

$$P(A)P(B) = \frac{1}{2} \times \frac{2}{3} = \frac{1}{3} = P(A \cap B)$$

となり，「偶数の目が出る」と「3 以上の目が出る」は独立であることがわかります。

確率の乗法定理を用いると，事象 A と事象 B とが独立であるとは，次の関係が成り立つことでもあります。

$$P(A|B) = P(A)$$
$$P(B|A) = P(B)$$

つまり，2 つの事象が独立であるとは，片方の事象が起きていることがわかったところで，他方の事象が起きる条件付き確率を変化させない，と解釈することができます。

■ 2 つの試行からなる標本空間を考える

条件付き確率や独立という性質は，複数の試行を 1 つの標本空間で考える

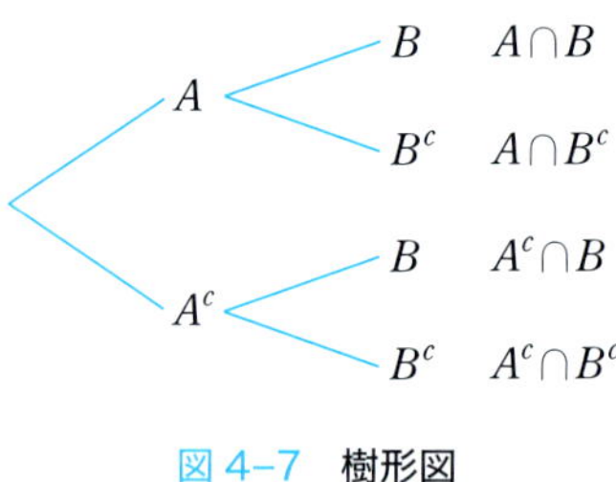

図 4–7　樹形図

際に重要です。例えば，明日発表される経済指標が上向きである（A）か下向きである（A^c）かという試行と，明日の株価が上昇する（B）か下落する（B^c）かという試行の2つの試行を考えます。

図 4–7 は樹形図と呼ばれ，複数の試行からなる標本空間を取り扱う際に有用です。樹形図をみると，この2つの試行からなる標本空間の根元事象は $A\cap B$，$A\cap B^c$，$A^c\cap B$，$A^c\cap B^c$ の4つであることがわかります。このように，複数の試行からなる標本空間を考える場合，根元事象の数はそれぞれの試行の根元事象の数を掛け合わせたものとなります。また，根元事象はそれぞれの試行の根元事象の積集合で表すことができます。

例：表 4–1 では，経済指標が上向きであるという事象と株価が上昇するという事象が独立である場合と，独立でない場合をあげています。前者の例では

$$P(A)=P(A\cap B)+P(A\cap B^c)=0.2+0.3=0.5$$

$$P(B)=P(A\cap B)+P(A^c\cap B)=0.2+0.2=0.4$$

ですので，独立の関係

$$P(A\cap B)=P(A)P(B)$$

が成立しています。同様にして，後者の例では独立の関係が成立していないことを確認することができます。

このように，ある事象が他の事象と独立であるか否かを知ることは，複数の試行を考えるとより現実な意味を持ちます。経済指標と株価とが独立でな

表 4-1　2 つの試行からなる標本空間における確率

	独　立	独立でない
$P(A \cap B)$	0.2	0.2
$P(A \cap B^c)$	0.3	0.1
$P(A^c \cap B)$	0.2	0.3
$P(A^c \cap B^c)$	0.3	0.5

いとしたら，経済指標がわかっていれば株価を予測するのに役に立つかもしれません。しかしながら経済指標と株価とが独立であれば，経済指標がわかっていても株価を予測するのに役に立たないことになります。

4.4　ベイズの定理

最後に，条件付き確率の考え方を用いた**ベイズの定理**と呼ばれる定理を紹介します。ベイズの定理は，不確実なことが多い世の中で統計的に意思決定を行う際に用いられることが多く，新しい情報が得られるにつれて前節で学んだ条件付き確率を更新する，という考え方に基づいています。

まず，事象 A と事象 B について，確率の乗法定理を用いると次が得られます。

$$P(A|B)P(B) = P(B|A)P(A)$$

この式を以下のように変形したものを，ベイズの定理と呼びます。

$$P(A|B) = \frac{P(B|A)P(A)}{P(B)}$$

ここで，第 2 節で紹介した確率の性質と確率の乗法定理を用いると

$$\begin{aligned} P(B) &= P(A \cap B) + P(A^c \cap B) \\ &= P(B|A)P(A) + P(B|A^c)P(A^c) \end{aligned}$$

となるので，次の結果にまとめることができます。

●POINT4-5　ベイズの定理

$$P(A|B)=\frac{P(B|A)P(A)}{P(B|A)P(A)+P(B|A^c)P(A^c)}$$

あるいは

$$P(B|A)=\frac{P(A|B)P(B)}{P(A|B)P(B)+P(A|B^c)P(B^c)}$$

例えば，ある資格試験に対する模擬試験がある状況を考えます。事象 A を「資格試験に合格する」，事象 B を「模擬試験で合格判定を取る」とします。当初は全ての受験者が多かれ少なかれ同じような確率を持っていると考えられます。これは**事前確率**と呼ばれ $P(A)$ で表されます。次に，模擬試験を受けることで，資格試験に合格する確率を条件付き確率 $P(A|B)$ としてより正確に知ることができます。この条件付き確率を**事後確率**と呼びます。このように，ベイズの定理は，事象 B の情報を用いることで，事前確率 $P(A)$ を事後確率 $P(A|B)$ に更新するという考えに基づいています。

この例では，事前確率を模擬試験の結果を反映した事後確率に更新するためには，模擬試験で合格判定を取る確率 $P(B)$ を知ることが必要です。また，実際に資格試験に合格した学生が模擬試験で合格判定を取っていた確率 $P(B|A)$ について知ることも必要になります。これらの情報が模擬試験の過去のデータから入手することが可能であれば，模擬試験の結果に基づいて資格試験に合格する確率を把握することができるのです。

■ Active Learning

《理解度チェック》

□1　明日の天気という試行の標本空間には「晴れ」，「曇り」，「雨」の3つの根元事象がある。全ての根元事象が等しい確率で起きるとしたとき，「雨でない」事象の確率を求めなさい。

□2 「雨でない」事象が起きている条件の下で，「晴れ」が起きる条件付き確率を求めなさい。

□3 明日の天気という試行の標本空間において，「晴れ」と「雨」は独立か否かを説明しなさい。また，明日の天気と明後日の天気という別々の試行を1つの標本空間で考えた時，「明日は晴れ」と「明後日は雨」が独立になるように，全ての根元事象に確率を割り当てなさい。

《調べてみよう》

身近な生活で確率が用いられる例を1つあげ，その確率を定義するための標本空間の全ての根元事象を考えてみましょう。

《Exercises》

問1 標本空間が，

$$S=\{E_1,\ E_2,\ E_3,\ E_4,\ E_5,\ E_6,\ E_7,\ E_8,\ E_9,\ E_{10}\}$$

である試行を考える。この標本空間における事象 $A=\{E_1,\ E_3,\ E_6,\ E_9\}$ および事象 $B=\{E_3,\ E_4,\ E_6,\ E_{10}\}$ につき，以下を求めなさい。

(1) $A\cap B$

(2) $A\cup B$

(3) $A^c\cap B$

(4) $(A\cap B)\cup(A^c\cap B)$

(5) $A\cup(A^c\cap B)$

問2 問1の例を用いて，次の選択肢から正しいものを選びなさい。

(1) ①$A\cap B$ と $A^c\cap B$ は排反である
②$A\cap B$ と $A^c\cap B$ は包括的である
③$A\cap B$ と $A^c\cap B$ は排反でも包括的でもない
④$A\cap B$ と $A^c\cap B$ は排反かつ包括的である

(2) ①A と $A^c\cap B$ は排反である
②A と $A^c\cap B$ は包括的である
③A と $A^c\cap B$ は排反でも包括的でもない
④A と $A^c\cap B$ は排反かつ包括的である

問3　確率の公理を用いて，以下の確率の性質を証明しなさい。

(1) $P(A^c)=1-P(A)$

(2) $P(B)=P(A\cap B)+P(A^c\cap B)$

(3) $P(A\cup B)=P(A)+P(B)-P(A\cap B)$

問4　以下の問いに答えなさい。

(1) 事象 A が起きる確率が 0.30 で事象 B が起きる確率が 0.40，A と B の両方が起きる確率が 0.30 である。このとき，B が起きた条件の下での A が起きる確率を求めなさい。

(2) 事象 B が起きた下での事象 A が起きる確率が 0.60，事象 B が起きる確率が 0.80 のとき，A と B の両方が起きる確率を求めなさい。

問5　全ての目が同じ確率で出るサイコロを振る試行を考える。以下のケースにつき，事象 A と事象 B が独立か否かを述べなさい。

(1) 事象 A：奇数の目が出る，事象 B：4 以下の目が出る

(2) 事象 A：奇数の目が出る，事象 B：3 以下の目が出る

(3) 事象 A：3 以上の目が出る，事象 B：3 未満の目が出る

問6　いま，根元事象 A，A^c，B，B^c で構成される標本空間を考える。

(1) $P(A)=0.40$，$P(B|A)=0.60$，$P(B|A^c)=0.70$ のとき，$P(A|B)$ を求めなさい。

(2) $P(A)=0.50$，$P(B|A)=0.40$，$P(B|A^c)=0.60$ のとき，$P(A|B^c)$ を求めなさい。

問7　ある資格試験では，全受験者の 30%が合格することがわかっている。いま，過去の記録より，合格者のうち 60%が模擬試験で合格判定を得ており，不合格だった受験生のうち 10%が模擬試験で合格判定を得ていた。模擬試験で合格判定を得た人が資格試験に合格する確率を求めなさい。

（解答は，本書サポートページを参照。）

第5講 離散確率変数

■第5講と第6講では，確率変数という考え方を導入します。現実に得られる様々なデータは，確率変数からの実現値と考えることができます。本講では，その中で実現値の種類がとびとびである離散確率変数を扱います。

5.1 確率変数とは

確率変数とは，標本空間の事象を実数に結び付ける関数のことをいいます。わかりやすくいうと，図5-1のようにレバーのついた機械があり，レバーを引くとランダムに数が表示されるような仕掛けをイメージして下さい。このときに表示されるいろいろな数のことを実現値と呼びます。

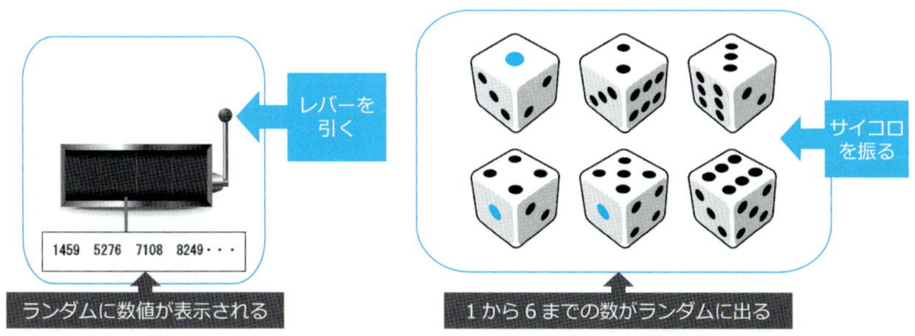

図5-1 確率変数のイメージ

表 5–1　離散確率変数と連続確率変数の例

離散確率変数	1 時間に来る客数，1 リーグでの勝利数，サイコロの目など
連続確率変数	株価指数，経済成長率，為替レート，気温，降水量など

例：サイコロを振ることで 1 から 6 の数がランダムに出る試行は，1 つの確率変数と考えることができます。また，明日の株価指数も，確率変数であると考えることができます。

表 5–1 の例のように，確率変数の中で，実現値の種類がとびとびで離散的なものを**離散確率変数**と呼び，実現値が連続的なものを**連続確率変数**と呼びます。サイコロの目は実現値が 1，2，3，4，5，6 ですので，離散確率変数になります。一方で，株価指数や経済成長率は連続的な値をとる連続確率変数と考えることができます。

実際には，離散確率変数と連続確率変数は，確率変数という点では本質的な違いはありません。しかしながら，確率変数の性質を理解するためには離散確率変数を用いて始める方がわかりやすいので，本講では離散確率変数を説明し，**第 6 講**では連続確率変数について説明をします。

5.2　離散確率変数の確率分布

■ 確 率 関 数

本講では，確率変数は X や Y など大文字のアルファベットを用いて表し，確率変数の実現値は x や y など小文字のアルファベットを用いて表します。とくに，実現値の種類が n 個のそれぞれの実現値を，下付き添え字を用いて

$$x_1,\ x_2,\ \cdots,\ x_n$$

と表します。

例：サイコロを振るという離散確率変数を X とすると，その6種類の実現値は

$$x_1=1,\ x_2=2,\ x_3=3,\ x_4=4,\ x_5=5,\ x_6=6$$

と表すことができます。

ここで，離散確率変数 X が x_i という実現値をとる確率を

$$P(X=x_i)$$

と表し，全ての実現値について確率を割り当てたものを，確率変数 X の**確率関数**と呼びます。なお，誤解がない場合は，$P(X=x_i)$ を単に $P(x_i)$ と表します。また，確率関数は横軸に実現値をとり，縦軸に確率をとった棒グラフで表すこともできます。

表 5–2　**確率関数**

(a)

x_i	$P(X=x_i)$
1	1/6
2	1/6
3	1/6
4	1/6
5	1/6
6	1/6

(b)

x_i	$P(X=x_i)$
1	1/9
2	2/9
3	1/9
4	2/9
5	1/9
6	2/9

(a)

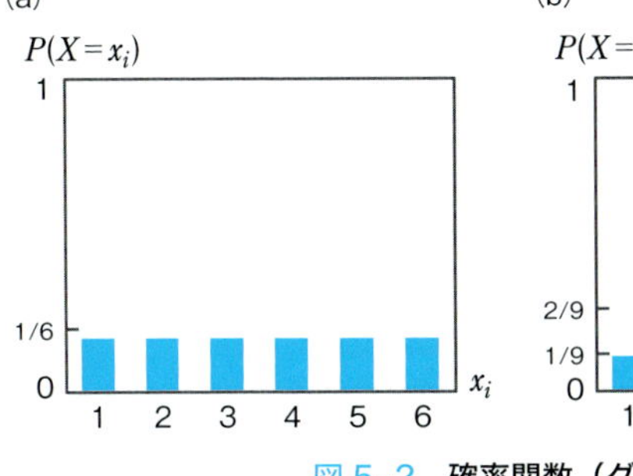

(b)

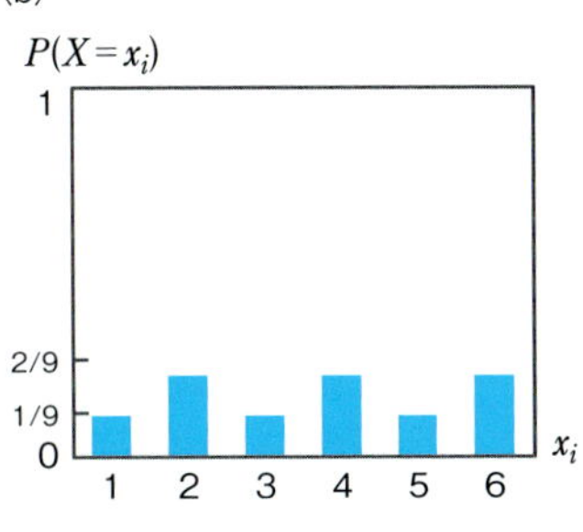

図 5–2　**確率関数（グラフ）**

例：全ての目が等しい確率で出るサイコロを振るという確率変数をXとした場合の確率関数は，表 5-2(a) と図 5-2(a) となります。また，なんらかの理由で偶数の目が出る確率が大きく，奇数の目が出る確率が小さいようなサイコロであれば確率関数は表 5-2(b) と図 5-2(b) のようになります。

確率関数の性質

第 4 講で学んだ確率の公理に基づき，確率関数には次の 2 つの性質があります。まず，いかなる実現値x_iについても，それが起きる確率は 0 以上 1 以下です。

$$0 \leq P(x_i) \leq 1$$

次に，全ての実現値の確率を足し合わせると 1 になります。

$$\sum_{i=1}^{n} P(x_i) = 1$$

累積分布関数

確率関数を用いると，ある値xと等しいかそれよりも小さい値をとる確率

$$F(x) = P(X \leq x)$$

を計算することができます。このような$F(x)$を**累積分布関数**と呼びます。

ここで注意したいのは，離散確率変数の累積分布関数は，確率関数と異なり，実現値ではない連続的な値x（下付き添え字がないことに注意してください）に対して定義をすることができます。

例えば，サイコロでは3.5という目は出ませんが，「サイコロの目が3.5と等しいかそれよりも小さい確率」は，3 以下の目が出る確率と等しいので，

表 5–3　累積分布関数

(a)

x	$F(x)$
$x<1$	0
$1\leq x<2$	1/6
$2\leq x<3$	2/6
$3\leq x<4$	3/6
$4\leq x<5$	4/6
$5\leq x<6$	5/6
$x\geq 6$	6/6=1

(b)

x_i	$F(x)$
$x<1$	0
$1\leq x<2$	1/9
$2\leq x<3$	3/9
$3\leq x<4$	4/9
$4\leq x<5$	6/9
$5\leq x<6$	7/9
$x\geq 6$	9/9=1

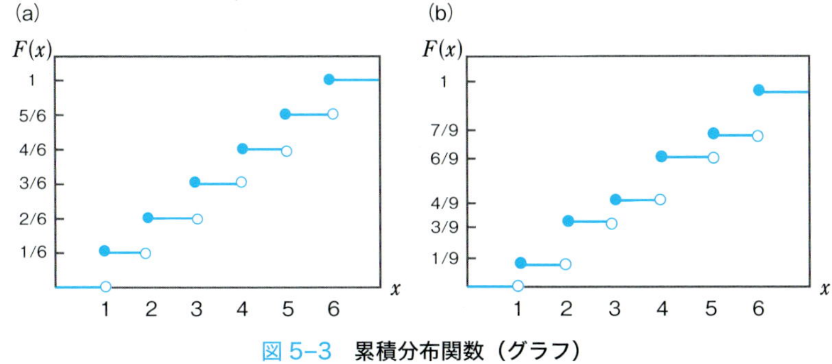

図 5–3　累積分布関数（グラフ）

次のように計算をすることができます。

$$F(3.5)=P(X\leq 3.5)=P(X=1)+P(X=2)+P(X=3)$$

表 5–3 および図 5–3 では，確率変数 X の累積分布関数を表とグラフで表しています。このように，離散確率変数では累積分布関数は階段状の関数になります。また，最も小さい実現値より左側では 0 になり，最も大きい実現値より右側では 1 になることがわかります。

このように，累積分布関数については以下の性質が必ず成立します。

●POINT5–1　累積分布関数の性質

(1) あらゆる x について，$0\leq F(x)\leq 1$

(2) $F(-\infty)=0$ および $F(\infty)=1$

(3) $x<x'$ であれば，$F(x)\leq F(x')$

5.3 離散確率変数の期待値と分散

■ 確率関数の特徴を要約する

確率関数は，確率変数についての全ての情報を含んでいます。別の言い方をすると，実際に実現する値が何かはわかりませんが，確率変数は確率関数によって完全に規定されるといえます。

例えば，サイコロのように6つしか実現値のない確率変数であれば，表5–2のように比較的小さな表を用いることで，確率変数の全ての情報を示すことができます。しかしながら，実現値が何百もあるような確率変数であれば，確率関数は1枚の紙に収まりきらないほど大きなものになります。

図5–2でみたように，確率関数をグラフで表すことでその形状を捉えることができますが，数値を用いて要約することが有用であることが多くあります。このように，確率変数を要約する数値を**パラメータ（母数）**と呼びます。本節では，確率変数を要約するパラメータのうち，とくに重要なものを紹介します。

■ 確率変数の平均と期待値

確率変数の平均は確率関数の中心を表すパラメータで，全ての種類の実現値にその確率を掛け合わせたものを合計して計算されます。確率変数の平均はギリシア文字のμ（ミュー）で表すことが多いので，以降の解説においては，断りがなければμは平均を表すものとします。とくに，確率変数Xの平均は，下付き添え字を用いてμ_Xと表すこともあります。

また，確率変数の全ての種類の実現値にその確率を掛け合わせたものを合計することを，**期待オペレータ**と呼ばれる記号$E(X)$を用いて表します。その意味で，確率変数の平均は**期待値**と呼ばれることもあります。

●POINT5-2　離散確率変数の平均

$$\mu = E(X) = \sum_{i=1}^{n} x_i P(x_i)$$

【数値例】

全ての目が等しい確率で出るサイコロの目の平均は

$$\mu = 1 \times \frac{1}{6} + 2 \times \frac{1}{6} + 3 \times \frac{1}{6} + 4 \times \frac{1}{6} + 5 \times \frac{1}{6} + 6 \times \frac{1}{6} = \frac{7}{2}$$

となります。

■ 確率平均の分散と標準偏差

確率変数の分散は確率関数のばらつきを表すパラメータで，全ての種類の実現値から平均を引いたものの2乗に，その確率を掛け合わせたものを合計して算出されます。分散は，ギリシア文字の σ^2（小文字のシグマ）で表すことが多いので，以降の解説においては，断りがなければ σ^2 は分散を表すものとします。とくに，確率変数 X の分散は下付き添え字を用いて，σ_X^2 と書くこともあります。また，分散の正の平方根 σ は確率変数の標準偏差と呼ばれます。

確率変数 X の分散を表すのに**分散オペレータ**と呼ばれる記号 $V(X)$ を用いることがあります。分散オペレータは，期待オペレータを用いて次のように表されます。

●POINT5-3　離散確率変数の分散

$$V(X) = E[(X - \mu)^2]$$

つまり

$$\sigma^2 = V(X) = \sum_{i=1}^{n} (x_i - \mu)^2 P(x_i)$$

【数値例】

全ての目が等しい確率で出るサイコロの目の分散は

$$\sigma^2 = \left(1-\frac{7}{2}\right)^2 \times \frac{1}{6} + \left(2-\frac{7}{2}\right)^2 \times \frac{1}{6} + \left(3-\frac{7}{2}\right)^2 \times \frac{1}{6} + \left(4-\frac{7}{2}\right)^2 \times \frac{1}{6} + \left(5-\frac{7}{2}\right)^2 \times \frac{1}{6} + \left(6-\frac{7}{2}\right)^2 \times \frac{1}{6} = \frac{35}{12}$$

となります。標準偏差は

$$\sigma = \sqrt{\frac{35}{12}} = 1.71$$

となります。

■ 期待値の性質と確率変数の標準化

私たちが実際に確率変数を用いる場合，ある確率変数を定数倍したり複数の確率変数を足したり引いたりした，別の確率変数に興味があることがあります。

例えば，3 科目試験の点数を X，Y，Z という確率変数とすると，試験の合計得点は

$$W = X + Y + Z$$

という確率変数になります。

また，摂氏で測られた気温を確率変数 X とすると，華氏で測られた気温 Y は，X を次のように変形して得られます。

$$Y = \frac{9}{5}X + 32$$

ここでは，このように変換した確率変数について，平均と分散がどうなるかをみてみます。

まず，確率変数 X と定数 a と b を用いて次のように変換した確率変数 Y を考えます。

$$Y = a + bX$$

すると，確率変数 Y の平均と分散は次のようになることが示されます。

●POINT5–4　期待値の性質①

定数 a，b と確率変数 X について，次が成り立つ。

$$E(Y)=a+bE(X)$$

$$V(Y)=b^2V(X)$$

【数値例】

東京の 1 月の平均気温は 5.0℃，分散は 1.7 とすると，華氏で測った平均気温は

$$E(Y)=\frac{9}{5}\times 5+32=41 \quad (°\mathrm{F})$$

となり，華氏で測られた気温の分散は

$$V(Y)=\frac{81}{25}\times 1.7=5.51$$

となります。

また，確率変数の 2 乗の期待値は，平均の 2 乗と分散の和で表されます。

●POINT5–5　期待値の性質②

確率変数 X について，次が成り立つ。

$$E(X^2)=E(X)^2+V(X)$$

【数値例】

全ての目が出る確率が等しいサイコロの目の 2 乗の期待値は

$$E(X^2)=1^2\times\frac{1}{6}+2^2\times\frac{1}{6}+3^2\times\frac{1}{6}+4^2\times\frac{1}{6}+5^2\times\frac{1}{6}+6^2\times\frac{1}{6}=\frac{91}{6}$$

として計算することもできますが，期待値の性質②を用いると

$$E(X^2)=\left(\frac{7}{2}\right)^2+\frac{35}{12}=\frac{91}{6}$$

と求めることもできます。

なお，本講末の《*Exercises*》の問 4 に，期待値の性質①と②の証明問題があります。

■ 確率変数の標準化

期待値の性質①を用いると，平均が μ で分散が σ^2 の確率変数 X を以下のように変換した新たな確率変数 Z

$$Z = \frac{X - \mu}{\sigma}$$

は，平均が 0 で分散が 1 の確率変数になることがわかります。このように，ある確率変数から平均を引いて標準偏差で割ることを**確率変数の標準化**と呼びます。確率変数の標準化は，この後の講で繰り返し用いる重要な操作です。

5.4 2つの確率変数を扱う

本節では，2 つの確率変数の関係を取り扱います。2 つの離散確率変数 X と Y を同時に扱う場合，実現値はそれらの組 $(X = x_i, Y = y_j)$ になります。

例えば，X を気温（$X = 0$ を低い，$X = 1$ を高い），Y を降水量（$Y = 0$ を雨が降らない，$Y = 1$ を雨が降る）とした場合，実現値の組の数は 4 つになります。これを表 5–4 のように表します。

■ 同時確率関数と周辺確率関数

複数の離散確率変数の全ての実現値の組につき確率を割り当てたものを**同時確率関数**と呼び

$$P(X = x_i, Y = y_j)$$

と表します。誤解がない場合は，単に $P(x_i, y_j)$ と表すこともあります。

表 5–4　同時確率関数と周辺確率関数

同時確率関数		降水量（Y） $Y=0$（雨が降らない）	降水量（Y） $Y=1$（雨が降る）	合計
気温（X）	$X=0$（低い）	$P(0,0)=0.24$	$P(0,1)=0.03$	$P(X=0)=0.27$
気温（X）	$X=1$（高い）	$P(1,0)=0.56$	$P(1,1)=0.17$	$P(X=1)=0.73$
合計		$P(Y=0)=0.80$	$P(Y=1)=0.20$	1.00

Xの周辺確率関数

Yの周辺確率関数

【数値例】

表 5–4 の同時確率関数を用いると，「気温が低く，雨が降らない」確率は

$$P(X=0, Y=0)=0.24$$

となります。また，「気温が高く，雨が降る」確率は

$$P(X=1, Y=1)=0.17$$

となります。

また，同時確率関数の中で 1 つの確率変数だけに注目した確率関数を**周辺確率関数**と呼びます。表 5–4 の最後の列にある $P(X=0)$ および $P(X=1)$ は X の周辺確率関数，最後の行にある $P(Y=0)$ および $P(Y=1)$ は Y の周辺確率関数となります。

【数値例】

表 5–4 の周辺確率関数を用いると，「（気温に関わらず）雨が降る」確率は

$$P(Y=1)=0.20$$

となります。また，「（降水量に関わらず）気温が低い」確率は

$$P(X=0)=0.27$$

となります。

■ 条件付き確率関数と独立

X がある実現値をとったときの Y の確率関数を，Y の X による**条件付き確率関数**と呼び

$$P(Y=y_j|X=x_i)$$

と表します。条件付き確率関数は，同時確率関数を周辺確率関数で割ったものとして，次のように計算をすることができます。

$$P(Y=y_j|X=x_i)=\frac{P(X=x_i, Y=y_j)}{P(X=x_i)}$$

また，確率変数 X と確率変数 Y とが全ての実現値の組 $(x_i,\ y_j)$ について次の関係を満たすとき，2 つの確率変数は**独立**であると呼ばれます。

$$P(X=x_i, Y=y_j)=P(X=x_i)P(Y=y_j)$$

この独立の定義は，条件付き確率関数を用いると

$$P(Y=y_j|X=x_i)=P(Y=y_j)$$

と表すことができます。つまり，独立であるとは，ある確率変数の値が他の確率変数の確率関数に全く影響しないことです。

【数値例】

表 5–4 を用いて，「気温が高い条件の下で雨が降らない」条件付き確率を求めると

$$P(Y=0|X=1)=\frac{P(X=1, Y=0)}{P(X=1)}$$

$$=\frac{0.56}{0.73}=0.77$$

となります。また，気温と降水量が独立であるかを確認するには，例えば

$$P(X=0, Y=0)=0.24$$

$$P(X=0)P(Y=0)=0.27\times 0.80=0.22$$

を計算すると，この2つは一致しませんので，確率変数 X と Y は独立でないことがわかります。

■ 確率変数の共分散

確率変数の共分散は，2つの確率変数の関係を表す代表的なパラメータで，全ての実現値の組について，平均からの差を掛け合わせたものの期待値として計算されます。確率変数 X と Y の共分散は，σ_{XY} で表されることが多いので，以降の解説においては断りがなければ σ_{XY} は共分散を表すものとします。

また，確率変数 X と Y の共分散オペレータは $Cov(X, Y)$ と表され，期待オペレータを用いて以下のように定義されます。なお，ここでは2重の総和記号が用いられますが，具体的な計算方法は，本講末の補論（4）を参照してください。

●POINT5-6　離散確率変数の共分散

$$Cov(X, Y) = E[(X-\mu_X)(Y-\mu_Y)]$$

つまり，

$$\sigma_{XY} = Cov(X, Y) = \sum_{i=1}^{m}\sum_{j=1}^{n}(x_i-\mu_X)(y_j-\mu_Y)P(x_i, y_j)$$

【数値例】

表5-4の X と Y の共分散を求めるためには，まず周辺確率関数を用いて $E(X)=0.73$ と $E(Y)=0.20$ を計算します。そのうえで，それぞれの平均からの差と同時確率を用いて

$$\begin{aligned}Cov(X, Y) &= (0-0.73)\times(0-0.20)\times 0.24\\ &\quad +(0-0.73)\times(1-0.20)\times 0.03\\ &\quad +(1-0.73)\times(0-0.20)\times 0.56\\ &\quad +(1-0.73)\times(1-0.20)\times 0.17\\ &= 0.024\end{aligned}$$

となります。

確率変数の共分散は，**第3講**でみた記述統計の共分散と同じように解釈されます。もし，X と Y の共分散が正であれば，2つの確率変数の間には右上がりの直線状の関係があると考えられます。逆に，共分散が負であれば，2つの確率変数の間には右下がりの直線状の関係があると考えられます。なお，X と Y が独立であれば共分散はゼロとなります。

■ 確率変数の相関係数

第3講でもみたように，共分散はそれぞれの変数がどのような単位で測られているかにより異なる値になります。そのため，共分散をそれぞれの標準偏差で除した**相関係数**を用いることで，単位に依存しない2つの確率変数の直線状の関係を表すことができます。確率変数 X と Y の相関係数は，ギリシア文字の ρ（ロー）で表されることが多いので，本書においても，断りがなければ ρ_{XY} は確率変数 X と Y の相関係数を表すものとします。

$$\rho_{XY} = \frac{Cov(X, Y)}{\sqrt{V(X)}\sqrt{V(Y)}}$$

【数値例】

表5–4の X と Y の相関係数を求めるためには，まず周辺確率関数を用いて

$$V(X) = (0 - 0.73)^2 \times 0.27 + (1 - 0.73)^2 \times 0.73 = 0.197$$

$$V(Y) = (0 - 0.20)^2 \times 0.80 + (1 - 0.20)^2 \times 0.20 = 0.160$$

を計算します。そのうえで，先に計算した共分散を用いると

$$\rho_{XY} = \frac{0.024}{\sqrt{0.197} \times \sqrt{0.160}} = 0.135$$

となります。

最後に複数の確率変数の期待値につき，有用な性質をまとめておきます。

●POINT5–7　期待値の性質③

a, b, c を定数とし，X, Y を確率変数とします。

$$E(a+bX+cY)=a+bE(X)+cE(Y)$$

$$V(a+bX+cY)=b^2V(X)+c^2V(Y)+2bcCov(X,Y)$$

なお，X と Y が独立のときは，共分散がゼロになりますので，2つめの性質は

$$V(a+bX+cY)=b^2V(X)+c^2V(Y)$$

となります。なお，期待値の性質③も本講末の《*Exercises*》の問 4 に証明問題があります。

5.5　離散確率変数の例

本節では，代表的な離散確率変数のうち，特に重要な3つを取り上げます。

■ ベルヌーイ分布

コインを投げるように実現値が表か裏かの 2 値になるような確率変数は，確率 p で 1 が出て，確率 $1-p$ で 0 が出るベルヌーイ分布を持つと考えることができます。例えば，野球の試合で勝ったか負けたか，またはある顧客が商品を手に取るか否かなどのように，二択の状況を確率変数として捉える際に有用です。

ベルヌーイ分布の確率関数は，成功確率 p を用いて，次で表されます。

$$P(X=x)=p^x(1-p)^{1-x} \qquad (x=0,1)$$

【数値例】

コイン投げはベルヌーイ分布に従う確率変数と考えることができます。表（$x=1$）が出る確率が 0.7 とすると，裏（$x=0$）が出る確率は，確率関数を用

いて次のように計算されます。

$$P(X=0)=0.7^0\times(1-0.7)^{1-0}=0.3$$

また，ベルヌーイ分布の累積分布関数は

$$F(x)=\begin{cases}0 & x<0\\ 1-p & 0\leq x<1\\ 1 & x\geq 1\end{cases}$$

と表すことができます。さらに，期待値と分散は期待オペレータと分散オペレータを用いることで求められます。

$$E(X)=0\times(1-p)+1\times p=p$$
$$V(X)=(0-p)^2\times(1-p)+(1-p)^2\times p=p(1-p)$$

■2 項 分 布

2 項分布とは，ベルヌーイ分布に基づく試行を n 回独立に行う場合の実現値の和が従う確率分布です。例えば，野球の試合を 10 回行ったうち勝利した回数，30 人の客が来たうちで商品を手に取った客の数，などを実現値 x とすることで，それぞれの実現値の確率を求めることができます。

2 項分布の確率関数は

$$P(X=x)=C_x^n p^x(1-p)^{n-x} \qquad (x=0,1,2,\cdots,n)$$

となります。ここで C_x^n は，n 個から x 個を選ぶ場合の数で，階乗の記号！を用いて

$$C_x^n=\frac{n!}{x!(n-x)!}$$

として表されます。なお，n の階乗とは n 以下のすべての自然数を掛け合わせた数で，例えば，$3!=3\times2\times1=6$ となります。

【数値例】

勝率が 0.6 であるチームが 10 試合を行った中で勝利する試合数は，$n=10$ で $p=0.6$ の 2 項分布に従う確率変数と考えることができます。例えば，10 試合のうち 3 試合で勝利する確率は

$$P(X=3)=C_3^{10}\times 0.6^3\times(1-0.6)^7=0.042$$

となります。ここで

$$C_3^{10}=\frac{10!}{3!\times(10-3)!}=120$$

です。また，場合の数は Excel 関数の combine(n,x) で計算することもできます。

2 項分布の累積分布関数は

$$F(x)=\sum_{x_i\leq x}P(X=x_i)$$

と表すことができます。さらに，期待値と分散は，n 個の独立なベルヌーイ確率変数を足し合わせているため，期待値の性質③を用いると，ベルヌーイ確率変数の期待値と分散をそれぞれ n 倍したものになることがわかります。

$$E(X)=np$$
$$V(X)=np(1-p)$$

■ ポアソン分布

ポアソン分布は，稀に起きる出来事の回数が従う確率分布です。これを用いると，ある一定の期間における平均発生回数を与えたうえで，任意の期間の中での発生回数の確率を求めることができます。

例えば，学園祭の模擬店を考えてみましょう。10 分間に「平均的に」5 人の客が来ることがわかっているとします。ここでポアソン確率分布を用いる

と，ある 10 分間に実際に客が 0 人である確率，1 人である確率，2 人である確率 ... をそれぞれ求めることができます。それに加えて，任意の時間，例えば 1 時間に来る客数の確率関数も求めることができます。ポアソン分布の確率関数は，平均回数をギリシア文字の λ（ラムダ）として，次のようになります。

$$P(X=x)=\frac{exp(-\lambda)\times\lambda^x}{x!} \qquad (x=0,1,2,\cdots)$$

ここで，$exp(-\lambda)$ は自然対数の底と呼ばれる定数（$e=2.71828\ldots$）の $-\lambda$ 乗を意味し，指数関数と呼ばれます。また，ポアソン確率変数の期待値と分散はいずれも λ となります。

【数値例】

10 分間に平均 5 人の客が来ることがわかっている模擬店に，10 分間に 3 人の客が来る確率は

$$P(X=3)=\frac{exp(-5)\times5^3}{3!}=0.14$$

となります。また，この模擬店に 60 分間で 20 人の客が来る確率は，平均回数を 60 分間で計算し直すと

$$\lambda=5\times6=30$$

となりますので

$$P(X=20)=\frac{exp(-30)\times30^{20}}{20!}=0.01$$

で求めることができます。

補論　総和記号

ここでは，本講で用いた総和記号の重要な性質をまとめておきます。数列 $\{x_1, x_2, \cdots, x_n\}$ と $\{y_1, y_2, \cdots, y_n\}$ および定数 a と b を考えます。

(1)　定数は総和記号の外に出すことができます。

$$\sum_{i=1}^{n} ax_i = a\sum_{i=1}^{n} x_i$$

(2)　総和記号の中が定数だけの場合は，その定数に項数である n を掛けたものとなります。

$$\sum_{i=1}^{n} a = na$$

(3)　総和記号の内部の演算は通常のように行うことができ，足し算の総和は総和の足し算で表すことができます。

$$\begin{aligned}\sum_{i=1}^{n}(ax_i + by_i)^2 &= \sum_{i=1}^{n}(a^2x_i^2 + 2abx_iy_i + b^2y_i^2)\\ &= a^2\sum_{i=1}^{n} x_i^2 + 2ab\sum_{i=1}^{n} x_iy_i + b^2\sum_{i=1}^{n} y_i^2\end{aligned}$$

(4)　総和記号が2重になっている場合，最初の総和記号の項 i を固定し，2つめの総和記号の項 $j = 1, \ldots, n$ に従って加えます。この操作を $i = 1, \ldots, n$ に対して行います。

$$\begin{aligned}\sum_{i=1}^{n}\sum_{j=1}^{n} x_iy_j = x_1y_1 &+ x_1y_2 + \cdots + x_1y_n\\ &+ x_2y_1 + x_2y_2 + \cdots + x_2y_n\\ &\vdots\\ &+ x_ny_1 + x_ny_2 + \cdots + x_ny_n\end{aligned}$$

■ Active Learning

《理解度チェック》

□1 離散確率変数と連続確率変数の違いを述べなさい。

□2 表 5–3 の累積分布関数に基づき，表 5–2 の確率関数を作成しなさい。

□3 離散確率変数の平均と分散の計算を，成功確率が 0.8 のベルヌーイ確率変数を用いて説明しなさい。

□4 表 5–4 の同時確率関数を任意に選び，天気 X と降水量 Y が独立である例を作成しなさい。

□5 □4 で作成した例を用いて，共分散がゼロであることを確認しなさい。

《調べてみよう》

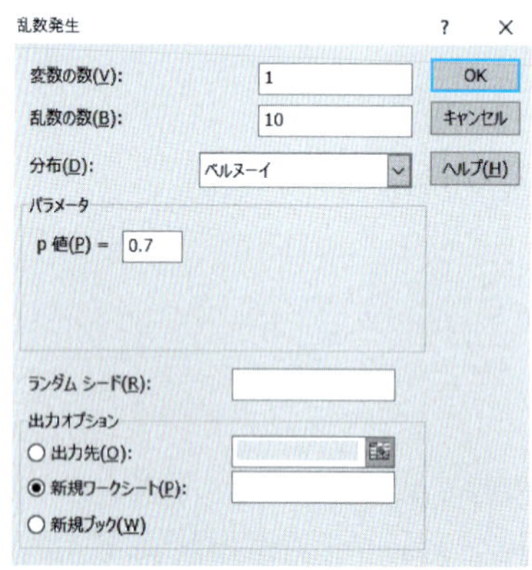

Excel を用いて，ベルヌーイ確率変数からの実現値を発生させることができます。ここでは 1 が出る確率が 0.7 である確率変数を考えます。Excel では，［データ］のタブから［データ分析ツール］に行き，［乱数発生］を選択します。右のポップ・アップ・ウィンドウが開いたら，［変数の数］を 1，［乱数の数］を 10 と指定し［OK］を押すと，10 個の実現値が現れます。それらの平均が，ベルヌーイ確率変数の平均である 0.7 に近いことを確認してみましょう。

《Exercises》

問 1 次の試行を確率変数とした場合，離散確率変数と連続確率変数のどちらと考えられるかを答えなさい。

(1) サイコロを 1 回振ったときに出る目

(2) 20 問単答式の試験におけるある学生の正解の数

(3) 無作為抽出した 50 件の確定申告の中で記載ミスのある申告の数

(4) ある工場から出荷される醬油の 1 瓶の重さ

(5) 本日の日経平均株価の終値

問 2　次の確率関数を持つ離散確率変数 X につき，以下の問いに答えなさい。

x_i	$P(X=x_i)$
0	0.25
1	0.50
2	0.25

(1) 確率関数を図示しなさい。

(2) 累積分布関数を図示しなさい。

(3) 平均を求めなさい。

(4) 分散を求めなさい。

問 3　次の同時確率関数 $P(x_i, y_i)$ を持つ離散確率変数 X および Y につき，以下の問いに答えなさい。

		X	
		0	1
Y	0	0.30	0.20
	1	0.25	0.25

(1) 確率変数 X および Y の周辺確率関数を求めなさい。

(2) 確率変数 Y の平均，分散，標準偏差を求めなさい。

(3) 条件付き確率 $P(Y=0|X=1)$ および $P(Y=1|X=1)$ を求めなさい。

(4) 確率変数 X と Y は独立か否かを答えなさい。

問 4　離散確率変数 X，Y と定数 a，b について，以下の期待値の性質が成り立つことを証明しなさい。なお，X と Y の実現値の数はそれぞれ m 個および n 個としなさい。

(1) $E(a+bX)=a+bE(X)$

(2) $V(a+bX)=b^2V(X)$

(3) $E(X^2)=E(X)^2+V(X)$

(4) $E(a+bX+cY)=a+bE(X)+cE(Y)$

(5) $V(a+bX+cY)=b^2V(X)+c^2V(Y)+2bcCov(X,Y)$

問 5　A 社の来月の新規契約件数は以下の確率関数で表され，契約 1 件につき 7 万円の収入，1 万円の事務費用がかかるとき，以下の問いに答えなさい。

新規契約件数	0	1	2	3	4	5	6
確率	0.10	0.20	0.25	0.25	0.10	0.05	0.05

（1）A 社の来月の収益の期待値を求めなさい。

（2）A 社の来月の収益の分散を求めなさい。

問 6　成功確率が 0.7，試行回数が 14 回の 2 項分布に従う確率変数 X につき，以下の確率を求めなさい。

（1）$P(X=7)$

（2）$P(X \leq 7)$

（3）$P(X \geq 8)$

問 7　1 週間の平均交通事故件数が 2.6 件であるポアソン分布に従う確率変数 X について，以下の問いに答えなさい。

（1）ある 1 週間において，事故件数が 2 件よりも少ない確率を求めなさい。

（2）ある 4 週間において，事故件数が 10 件よりも多い確率を求めなさい。

(解答は，本書サポートページを参照。)

第６講
連続確率変数

■企業の売上高や株価など，経済データの多くは連続的な値をとる連続確率変数と考えることができます。本講では，連続確率変数を扱いますが，第５講で学んだ離散確率変数の概念の多くは，同様に解釈することができます。

6.1 連続確率変数の確率分布

本節では，連続確率変数について確率関数に相当する**確率密度関数**を紹介します。そのために，離散確率変数でも累積分布関数は連続的な値に対して定義されたことを思い出してください。つまり，累積分布関数 $F(x)$ はある実現値 x と等しいかそれよりも小さい値をとる確率

$$F(x) = P(X \leq x)$$

として離散確率変数と同様に表すことができます。図 6–1 は，典型的な連続確率変数の累積分布関数の例ですが，一般的に右上がりの曲線や直線になります。

■ ある値をとる確率はゼロ？

連続確率変数の実現値の種類は無限に沢山ありますので，全ての可能な実現値に対する確率を足し合わせていくと，確率の和が無限に大きくなってしまい，確率は０から１であるという確率の公理①に反してしまいます。そのため，連続確率変数についてはある特定の値をとる確率はゼロであるとします。

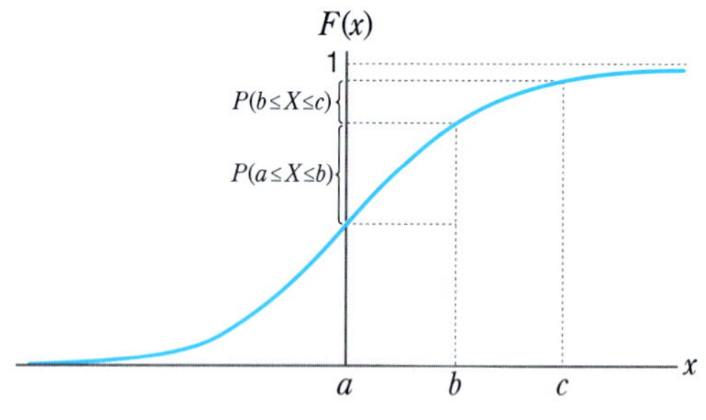

図 6–1　**連続確率変数の累積分布関数**

ところが，確率変数がある区間 $[a,b]$ の値をとる確率であれば，累積分布関数の定義を用いて

$$P(a \leq X \leq b) = P(X \leq b) - P(X < a)$$
$$= F(b) - F(a)$$

と表されることがわかります。なお，ある点をとる確率はゼロですので，連続確率変数では，$F(a) = P(X < a)$ でもあります。

例：為替レートは連続確率変数と考えることができます。1 ドルが 110.00 円ちょうどになる確率は 0 ですが，例えば 109 円以上 111 円以下になる確率は，累積分布関数を用いて $F(111) - F(109)$ と表すことができます。

■ 確率密度関数

連続確率変数のある値の起きやすさを見るためには，累積分布関数の傾きに注目します。例えば，図 6–1 で同じ大きさの区間 $[a,b]$ と区間 $[b,c]$ を比べてみましょう。縦軸を見ると，明らかに区間 $[a,b]$ の間の値が出る確率は，区間 $[b,c]$ の間の値が出る確率よりも大きいことがわかります。このように，累積分布関数 $F(x)$ の曲線の傾き（変化率）が大きい値は，より出やすい傾向があるといえます。

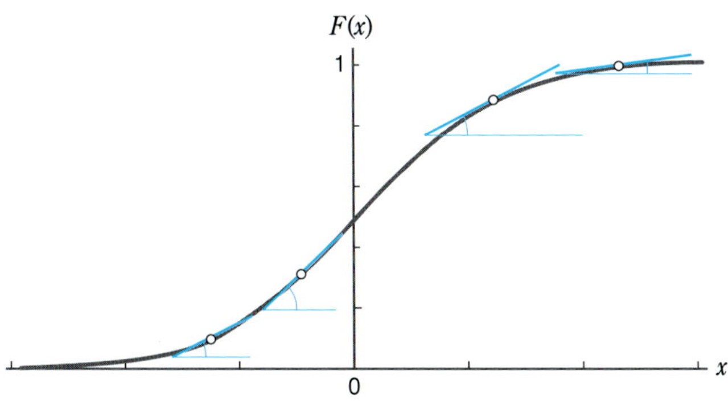

図 6–2　累積分布関数の接線の傾きの変化

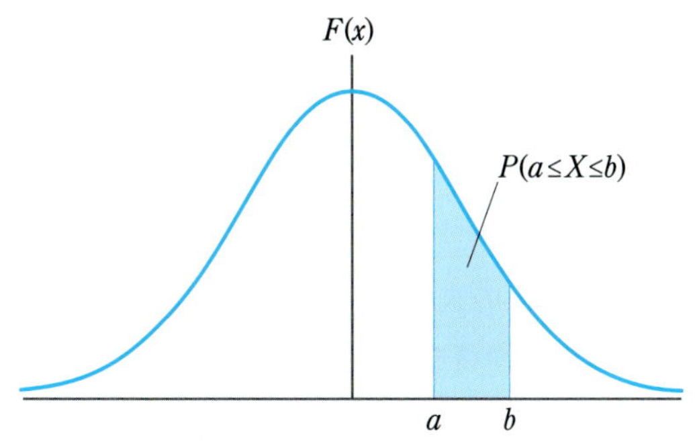

図 6–3　確率密度関数

図 6–2 は，累積分布関数の各位置での傾きをみるために，接線を引いたものです。横軸の左端から段々と傾きが急になっていき，その後次第に傾きがなだらかになっていくのがわかります。このように傾きに注目し，2 つの区間を狭めて，傾きの大きさを高さとして線でつなげることで，図 6–3 のような曲線になります。

連続確率変数の実現値に対する累積分布関数の接線の傾きを**確率密度**，図 6–3 の曲線で表される関数を**確率密度関数**と呼びます。傾きの議論から，確率密度が大きい実現値の周りほど発生する確率が高く，その意味で確率密度関数は離散確率変数の確率関数とよく似た解釈ができます。

より正確には，$F(x)$ が微分可能であれば接線の傾き（変化率）は微分を用いて表すことができますので，確率密度関数 $f(x)$ は，累積分布関数を微分したものと定義されます。

$$f(x)=\frac{dF(x)}{dx}$$

確率密度関数を使う場合は，ある２つの値の区間の面積がその２つの値の間の値をとる確率であると解釈します。つまり，$[a,b]$ の区間の値をとる確率は，その範囲の確率密度関数の曲線と横軸で囲まれた部分の面積として示されます。このことは，積分記号を使って

$$P(a\leq X\leq b)=\int_a^b f(x)dx$$

と表すことができます。上の式の右辺は，図 6–3 の斜線部分のように $f(x)$ の $x=a$ から $x=b$ の区間の面積を表します。また，$a=-\infty$ とすることで

$$P(-\infty\leq x\leq b)=F(b)=\int_{-\infty}^b f(x)dx$$

となりますので，ある点 b における累積確率分布の値 $F(b)$ は，確率密度関数 $f(x)$ の b のよりも左側の面積に等しくなることがわかります。

なお，本講では概念を表すために微分や積分の記号を使いますが，内容を理解するためには，それらの計算ができることを前提にしていません。以下では，記号の説明はそれぞれの式の意味が理解できる程度に留めます。

6.2 連続確率変数の期待値と分散

本節では，連続確率変数の期待値や分散を考えます。連続確率変数の期待

オペレータは，実現値と確率密度を掛けたものを，全ての実現値の区間（$-\infty$ から $+\infty$）で積分したものです。

つまり，確率変数 X の平均は

$$\mu = E(X) = \int_{-\infty}^{\infty} xf(x)dx$$

と表され，分散は

$$\sigma^2 = V(X) = \int_{-\infty}^{\infty} (x-\mu)^2 f(x)dx$$

と表されます。

また，2 つの連続確率変数 X と Y を同時に扱う場合には，その同時確率密度関数を $f(x,y)$ と表し，共分散を

$$\begin{aligned}\sigma_{XY} &= Cov(X,Y) = E[(X-E(X))(Y-E(Y))] \\ &= \int_{-\infty}^{\infty}\int_{-\infty}^{\infty} (x-\mu_X)(y-\mu_Y)f(x,y)dxdy\end{aligned}$$

と表すことができます。（積分記号が重複しているのは，2 つの確率変数について積分をすることを示すものです。）

相関係数は，離散確率変数と同様に

$$\rho_{XY} = \frac{Cov(X,Y)}{\sqrt{V(X)}\sqrt{V(Y)}}$$

と表されます。

6.3 連続確率変数の例

本節では連続確率変数の例として，一様分布と指数分布を紹介します。

■一 様 分 布

一様分布は，区間 $[a,b]$ において等しい確率密度をとる確率分布で，確率密度関数と累積分布関数は，図 6-4 のようになります。これらを数式で表すと

$$f(x)=\begin{cases} 0 & x<a \\ \dfrac{1}{b-a} & a \leq x \leq b \\ 0 & x>b \end{cases}$$

$$F(x)=\begin{cases} 0 & x<a \\ \dfrac{x-a}{b-a} & a \leq x \leq b \\ 1 & x>b \end{cases}$$

となります。また，期待値は定義を用いると

$$E(X)=\int_a^b x\frac{1}{b-a}dx=\frac{a+b}{2}$$

となり，分散は

$$V(X)=\frac{(b-a)^2}{12}$$

となります。なお，一様分布の期待値と分散は，定積分を用いて簡単に導出することができます。（本講末の《*Exercises*》の問 1 を参照して下さい。）

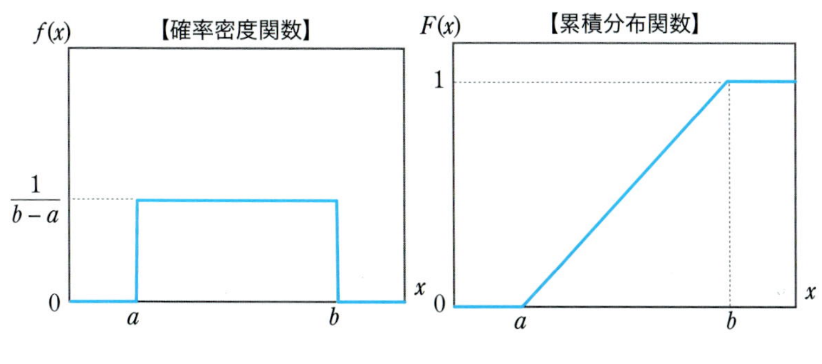

図 6–4　一様分布の確率密度関数と累積分布関数

■ 指数分布

指数分布は，ポアソン分布のように稀に起きる出来事の時間間隔が従う確率分布です。ある間隔における平均発生回数を λ（ギリシア文字ラムダ）とすると，確率密度関数と累積分布関数は指数関数を使って

$$f(x) = \lambda \times exp(-\lambda x)$$

$$F(x) = 1 - exp(-\lambda x)$$

と表すことができます。指数分布の確率密度関数と累積分布関数は，図 6–5 のようになります。なお，平均と分散は，それぞれ $\frac{1}{\lambda}$ と $\frac{1}{\lambda^2}$ となります。

【数値例】

第 5 講で紹介したポアソン分布の例と同様に，10 分間に平均的に 5 人の客が来る学園祭の模擬店を考えます。この模擬店にある客が来てから次の客が来るまでの間隔は，$\lambda = 5$ の指数分布で表されます。確率密度関数は

$$f(x) = 5 \times exp(-5x)$$

累積分布関数は

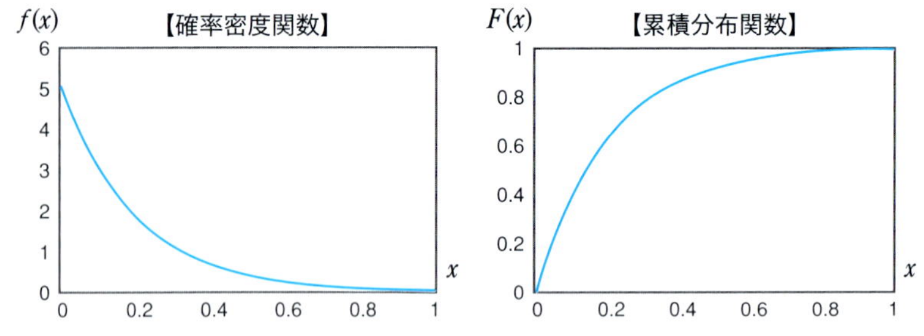

図 6-5　指数分布の確率密度関数と累積分布関数 (λ=5)

$$F(x)=1-exp(-5x)$$

となります。間隔の単位は 10 分間であることに注意すると，1 分以内に次の客が来る確率は，累積分布関数に $x=\frac{1}{10}$ を代入することで

$$F\left(\frac{1}{10}\right)=1-exp\left(-5\times\frac{1}{10}\right)=0.39$$

となります。また，次の客が 5 分以上来ない確率は

$$1-F\left(\frac{5}{10}\right)=exp\left(-5\times\frac{5}{10}\right)=0.08$$

となります。

6.4　正規分布と関連する確率分布

本節では，連続確率分布の重要な例として正規分布とそれに関連する確率分布を紹介します。正規分布は，本書でもこれから何度も登場します。

■ 正規分布とは

正規分布の確率密度関数は，平均 μ と分散 σ^2 の 2 つのパラメータのみにより規定されます。よって，確率変数 X が平均 μ で分散 σ^2 の正規分布に従っている場合には

$$X \sim N(\mu, \sigma^2)$$

と表すことができます。なお，～は「確率分布に従う確率変数」であることを表します。

具体的な確率密度関数は以下のようになります。

$$f(x) = \frac{1}{\sqrt{2\pi\sigma^2}} \times exp\left[-\frac{(x-\mu)^2}{2\sigma^2}\right]$$

■ 正規分布の性質

図 6–6（左図）にあるように，正規分布の確率密度関数は，平均 μ を中心に左右対称の釣り鐘型をしています。

第 5 講で学んだ確率変数の標準化を用いると，正規分布に従う確率変数 X を以下のように標準化した確率変数は，平均が 0 で分散が 1 の正規分布となります。

このように，平均が 0 で分散が 1 である正規分布 $N(0,1)$ を，とくに**標準正規分布**と呼びます。標準正規分布に従う確率変数は，アルファベットの Z

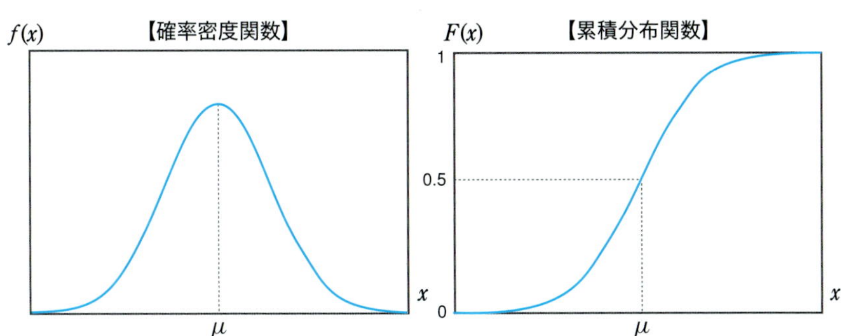

図 6–6　**正規分布の確率密度関数と累積分布関数**

で表されることが多いので，標準正規分布を **Z 分布**と呼ぶこともあります。

●POINT6–1　正規分布の標準化

$X \sim N(\mu, \sigma^2)$ とすると

$$Z = \frac{X - \mu}{\sigma} \sim N(0, 1)$$

となる。

また，正規分布に従う複数の確率変数の和は正規分布に従うことが知られています。

■ 2 項分布を正規分布で近似する

第 5 講で紹介した 2 項分布は，試行回数 n が大きくなると正規分布で近似されることが知られています。図 6–7 は，$p = 0.3$ の 2 項分布の確率関数を，$n = 5$ の場合を左図，$n = 200$ の場合を右図に表しています。これをみると，右図は図 6–6（左図）の正規分布の確率密度関数に形がよく似ていることがわかります。ここで，「試行回数 n が大きくなる」の目安として

$$np(1-p) > 9$$

を満たす程度に n が大きければ，正規分布に従うと考えてよいでしょう。

例：2 項分布の平均と分散は $E(X) = np$ および $V(X) = np(1-p)$ ですので，図 6–7（右図）は

$$E(X) = 200 \times 0.3 = 60$$
$$V(X) = 200 \times 0.3 \times 0.7 = 42$$

の正規分布 $N(60, 42)$ に従うと考えられます。また，この確率変数を

$$Z = \frac{X - 60}{\sqrt{42}}$$

と標準化した Z は，標準正規分布 $N(0, 1)$ に従います。

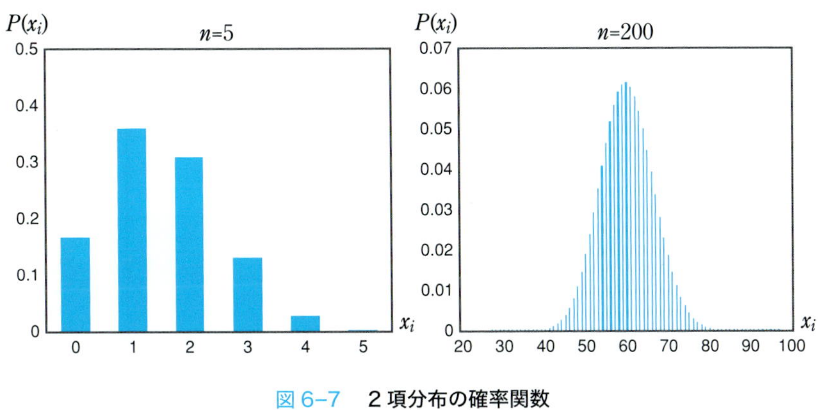

図 6–7　2 項分布の確率関数

■ 正規分布に関連する確率分布

正規分布から派生した確率分布で，これからの講でも用いられる，とくに重要なものを紹介します。

(1) カイ二乗分布

互いに独立な k 個の標準正規分布に従う確率変数 X_1, X_2, …, X_k の二乗の和

$$X = X_1^2 + X_2^2 + \cdots + X_k^2$$

が従う確率分布を，自由度 k の**カイ二乗分布**と呼び，ギリシア文字の χ（カイ）に自由度を下付き添え字を用いて

$$X \sim \chi_k^2$$

と表します。

自由度とは，統計量の中で自由に動くことができる変数の数のことです。カイ二乗分布の確率密度関数は，図 6–8 のように非対称で，自由度が大きくなると右方向へ移動します。また，二乗の和であることから明らかなように，実現値は必ず非負となります。

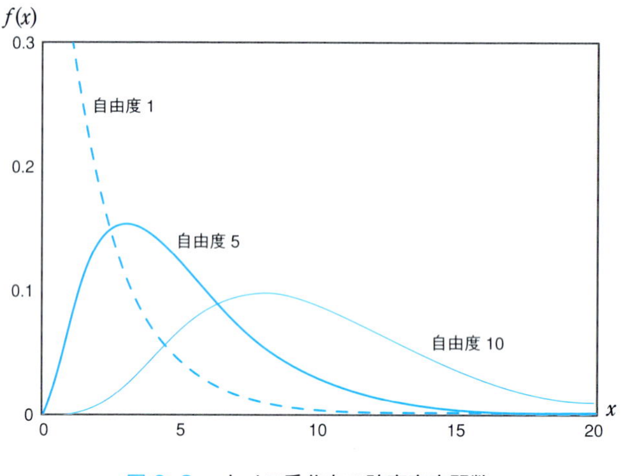

図 6–8　**カイ二乗分布の確率密度関数**

(2) t 分 布

互いに独立な，標準正規分布に従う確率変数 Z と自由度 k のカイ二乗分布に従う確率変数 W があるとき

$$X = \frac{Z}{\sqrt{W/k}}$$

が従う確率分布を，自由度 k の **t 分布**と呼び，アルファベットの小文字の t に自由度を下付き添え字を用いて

$$X \sim t_k$$

と表します。t 分布の確率密度関数は，図 6–9 のように，標準正規分布のようにゼロを中心とした左右対称な釣り鐘型をしていますが，それよりもやや平たい形をしています。また，自由度が大きくなると標準正規分布に近づいていきます。

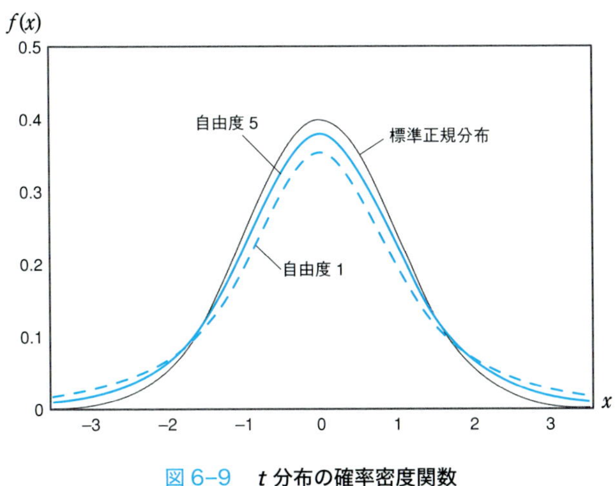

図 6–9　t 分布の確率密度関数

(3) F 分布

互いに独立な，自由度 k_1 のカイ二乗分布に従う確率変数 V と，自由度 k_2 のカイ二乗分布に従う確率変数 W があるとき

$$X = \frac{V/k_1}{W/k_2}$$

が従う確率分布を，自由度 k_1 および k_2 の **F 分布**と呼び，アルファベットの大文字 F に分子の自由度 k_1 と分母の自由度 k_2 をそれぞれ下付き添え字を用いて

$$X \sim F_{k_1, k_2}$$

と表します。図 6–10 には F 分布の確率密度関数が描かれています。F 分布は，カイ二乗分布のように非対称で，分子と分母のそれぞれの自由度により形状が異なります。また，実現値は必ず非負となります。

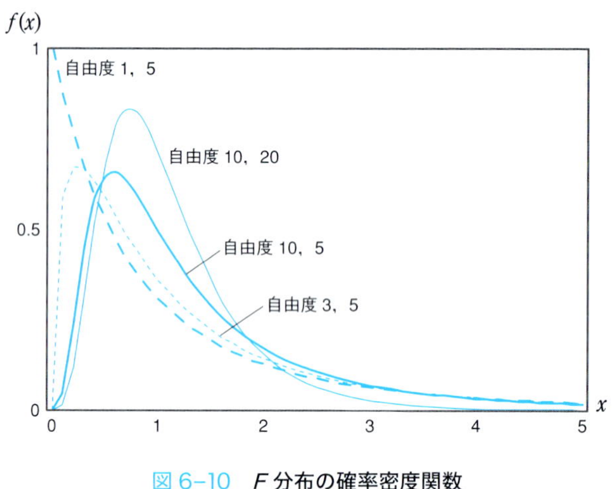

図 6–10　*F* 分布の確率密度関数

6.5 Excel を用いた確率の計算

前節で紹介した正規分布に関連する確率分布は，本書を読み進めるうえでも大変重要です。そこで本節では，Excel の関数機能を用いて，これらの確率分布から確率を計算する方法を紹介します。後の章で学ぶ区間推定や仮説検定において，こうした数値を求める必要があります。

■ 標準正規分布の確率の計算

標準正規分布の累積分布関数は，norm.s.dist の関数を用いて計算します。例えば，x 以下の値をとる確率 $P(Z \leq x)$ は，セルに

＝norm.s.dist(x,TRUE)

と入力します。2 つめの入力値は TRUE（あるいは 1）を入力すると累積分布関数の値を返し，FALSE（あるいは 0）を入力すると確率密度の値を返します。例として，図 6–11 では，標準正規分布に従う確率変数が 0.3 以下の値をとる確率を計算しています。（以降は，簡便のために TRUE と FALSE では

	A	B	C	D
1				
2		=norm.s.dist(0.3,1)		
3				
4				

図 6-11　Excel を用いた標準正規分布の計算

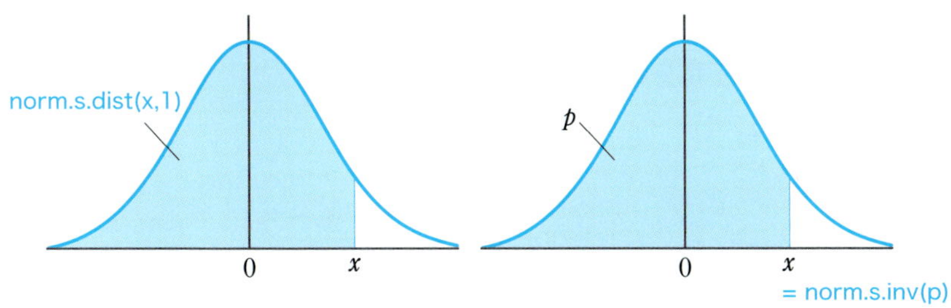

図 6-12　累積分布関数とその逆関数

なく 0 と 1 を用います。）

■ 標準正規分布の値の計算

確率が先にわかっていて実現値の範囲を求めたい，つまり

$$P(Z \leq x) = p$$

となる値 x を求めたい場合は，標準正規分布の累積分布関数の逆関数を norm.s.inv 関数で計算します。具体的に，$P(Z \leq x) = p$ となる x は

=norm.s.inv(p)

で求めることができます。累積分布関数とその逆関数の関係は，図 6-12 のようになっています。

この 2 つの関数を上手に用いることで，標準正規分布のありとあらゆる計算をすることができます。例えば，$P(Z > x)$ を求めるには

$$P(Z > x) = 1 - P(Z \leq x)$$

ですので

=1-norm.s.dist(x,1)

と入力すればよいわけです。また，$P(a < X \leq b)$ を求めるには

$$P(a < Z \leq b) = P(Z \leq b) - P(Z \leq a)$$

ですから

=norm.s.dist(b,1)-norm.s.dist(a,1)

と入力します。さらに

$$P(Z \geq x) = p$$

となる x は，標準正規分布の対称性を用いると

$$P(Z < x) = 1 - p$$

ですので

=norm.s.inv(1-p)

と入力します。

■ t 分布，カイ二乗分布，F 分布の計算

同様の計算は，t 分布についても行うことができます。この場合，自由度 k の t 分布の累積分布 $P(t < x)$ は

=t.dist(x,k,1)

で求めることができます。2 つめの入力値で自由度，3 つめの入力値で累積分布（1 あるいは TRUE）か確率密度（0 あるいは FALSE）を指定します。また，累積分布関数の逆関数 $P(t_k \leq x) = p$ となるような x は

=t.inv(p,k)

で求めることができます。

さらに，カイ二乗分布と F 分布についても以下の関数を用いることにより，累積分布関数とその逆関数を計算することができます。

【カイ二乗分布（自由度 k）】

累積分布関数

=chisq.dist(x,k,1)

累積分布関数の逆関数

=chisq.inv(p,k)

【F 分布（分子の自由度 k_1，分母の自由度 k_2）】

累積分布関数

=f.dist(x,k1,k2,1)

累積分布関数の逆関数

=f.inv(p,k1,k2)

■ Active Learning

《理解度チェック》

□1　ある連続確率変数が a 以上 b 以下の値をとる確率は，確率密度関数および累積分布関数を用いてどのように計算されるかを説明しなさい。

□2　連続確率変数の期待値と分散は，確率密度関数を用いてどのように計算されるかを説明しなさい。

□3　標準正規分布を用いて自由度が k のカイ二乗分布を定義しなさい。また，それらを用いて自由度が k の t 分布および自由度が k_1 および k_2 の F 分布を定義しなさい。

□4　連続確率変数の期待値と分散は，確率密度関数を用いてどのように計算されるかを説明しなさい。

《調べてみよう》

人の身長の分布は，正規分布に従う身近な例としてあげられます。インターネットを用いて，年齢ごとや性別ごとの身長の分布の政府統計を探し，ヒストグラムの形状が正規分布の確率密度関数に近いかを確認してみましょう。また，体重の分布はどうでしょうか。

《*Exercises*》

問 1　確率変数 X が次の確率密度関数を持つとき，以下の問いに答えなさい。

$$f(x)=\begin{cases}0.5 & 0\le x\le 2 \text{ のとき}\\ 0, & \text{それ以外}\end{cases}$$

(1) $P(1.4 \leq X \leq 1.8)$ を求めなさい。

(2) $P(X \leq 1.4)$ を求めなさい。

(3) $E(X)$ を求めなさい。

(4) $V(X)$ を求めなさい。

問 2　ある図書館のサービスカウンターの利用者は平均で 5 分間に 1 人である。このサービスカウンターに 10 分以上利用者がない確率を求めなさい。

問 3　標準正規分布に従う確率変数 Z につき，以下の問いに答えなさい。

(1) $P(Z \leq 1.2)$ を求めなさい。

(2) $P(Z \geq -1.0)$ を求めなさい。

(3) $P(-1.0 \leq Z \leq 1.2)$ を求めなさい。

(4) $P(Z \leq z) = 0.7$ となる z を求めなさい。

(5) $P(Z \geq z) = 0.2$ となる z を求めなさい。

(6) $P(-z \leq Z \leq z) = 0.8$ となる z を求めなさい。

問 4　確率変数 X が平均 50 で分散 64 の正規分布に従うとき，以下の問いに答えなさい。

(1) $P(X \geq 60)$ を求めなさい。

(2) $P(35 \leq X \leq 62)$ を求めなさい。

(3) $P(X \leq 55)$ を求めなさい。

(4) $P(X \geq x) = 0.2$ となる x を求めなさい。

(5) $P(50 - x \leq X \leq 50 + x) = 0.8$ となる x を求めなさい。

問 5　ある大学の入学定員は 800 人である。合格通知を出した受験生のうち，実際に入学をする確率は 0.7 であることがわかっている。いま，受験生 1100 人に第一次の合格通知を出したとき，入学者が定員を超過してしまう確率を，2 項分布を正規分布で近似することにより求めなさい。

問 6　確率変数 X が自由度 10 の t 分布に従うとき，以下の問いに答えなさい。

(1) $P(X \leq 1.2)$ を求めなさい。

(2) $P(-1.0 \leq X \leq 1.2)$ を求めなさい。

(3) $P(X \leq x) = 0.7$ となる x を求めなさい。

(4) $P(-x \leq X \leq x) = 0.8$ となる x を求めなさい。

問7　確率変数Xが自由度8のカイ二乗分布に従うとき，以下の問いに答えなさい。

(1) $P(X \geq 6)$ を求めなさい。

(2) $P(6 \leq X \leq 13)$ を求めなさい。

(3) $P(X \geq x) = 0.05$ となる x を求めなさい。

(4) $P(X \leq x) = 0.05$ となる x を求めなさい。

(5) 自由度が20の場合，(3) と (4) の x を求め，自由度8の場合と比較しなさい。

問8　確率変数Xが自由度7および12のF分布に従うとき，以下の問いに答えなさい。

(1) $P(X \leq 0.5)$ を求めなさい。

(2) $P(0.5 \leq X \leq 1.2)$ を求めなさい。

(3) $P(X \leq x) = 0.95$ となる x を求めなさい。

(4) $P(X \geq x) = 0.01$ となる x を求めなさい。

(解答は，本書サポートページを参照。)

第 7 講
標本抽出と点推定

■本講からは，統計学のうち推測統計と呼ばれる分野に入ります。推測統計は母集団から得た標本に基づいて，母集団についてできるだけ正確な推量を行うことが目的です。

7.1 母集団からの標本抽出

■ 母集団と標本

私たちがデータを扱うとき，それらが分析対象である**母集団**の全てではなく，一部の**標本**であることが多くあります。とりわけ経済分析やビジネスで考えるような何千社や何万人の顧客といった大きな集団を対象とする際には，全てのデータを収集する手間と費用は膨大なものになります。そこで，図 7–1 のように一部の顧客を抽出し，そこで得られた意見をもとに全ての顧客について推測することを考えます。本講からは，このように母集団から抽出した標本を用いることで，母集団をできるだけ正確に推測する**推測統計**を学びます。

例：企業の販売担当者が，2 つの新商品のうちどちらがより消費者に好まれるかを知りたいとします。潜在的な消費者全員にアンケートを取ることは大変難しいため，50 人にアンケートをとった結果を用います。

■ 標本を抽出するときの決まり

標本を抽出する際には，母集団のどの人も等しい確率で抽出される**単純無**

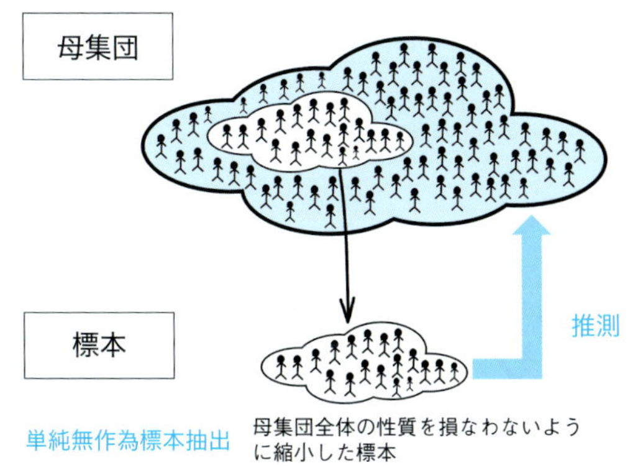

図 7–1　標本抽出

作為標本抽出という手法を用います。言い換えると，母集団全体の性質を損なわないように縮小した標本を抽出することです。現実には，必ずしもこのような抽出を行うことができない場合も多くありますが，本書は統計学の基本を学ぶことを目的としていますので，単純無作為標本抽出が行われていると仮定をして話を進めます。

例：電話によるアンケートを行うのであれば，コンピュータで乱数を発生させ，その数字に該当する電話番号を用いることで単純無作為標本抽出ができます。逆に，担当者が自分の友人や親戚だけにアンケートを取った場合は，標本に含まれる人の年齢，性別，性格などが偏ってしまう懸念があります。このような抽出は，本書では考えないことにします。

単純無作為抽出を行うと，図 7–2 のように母集団をそれぞれが独立で同一な確率分布（独立同一分布）に従う確率変数とみなすことができます。標本はそのうちの n 個の実現値であり，この n を標本数と呼びます。

このように，本書では母集団の確率変数は独立同一分布に従うと仮定して話を進めます。

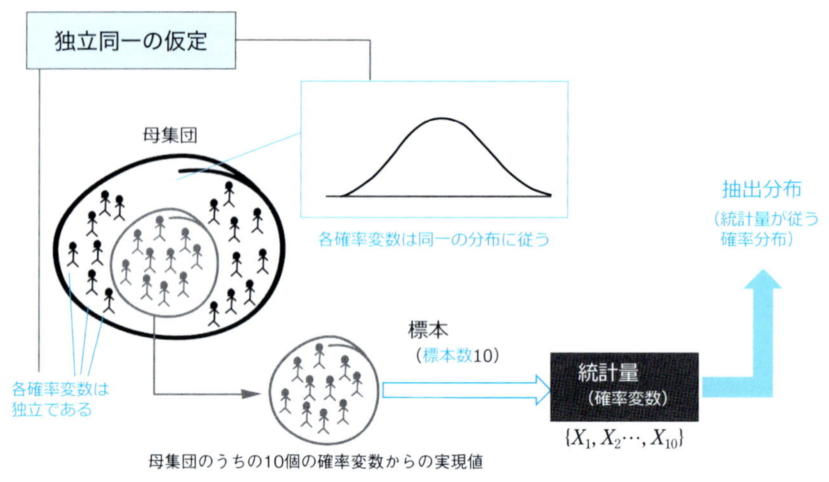

図 7–2　独立同一分布の仮定と統計量

■ パラメータと統計量

母集団を確率変数と考えると，確率変数のパラメータの真の値が重要な意味を持つことに気づくと思います。例えば，商品についての人々の嗜好は，その商品に使う金額の平均や分散に集約されます。広く普及する商品についてはその平均が大きいでしょうし，奢侈品のように好みが分かれる商品であればその分散が大きいと考えられます。

一方，標本で計算される平均や分散は，抽出する標本が異なれば異なる値となります。例えば，自分が抽出した n 人の消費者の平均と，他の販売担当者が抽出した n 人の消費者の平均は，異なる値になります。この意味で，標本から計算される平均や分散を**統計量**と呼び，確率変数として扱います。そして，統計量が従う確率分布を**抽出分布**と呼びます。抽出分布がどのようなものであるかを正確に把握することで，データを用いたパラメータの推測の誤差を正確に見積もることができるのです。

7.2 標本平均の抽出分布

本節では，標本から計算した平均（**標本平均**と呼びます）がどのような抽出分布に従うかを考えます。まず，母集団が平均 μ，分散 σ^2 の正規分布に従っているとします。抽出された n 個の標本を，下付き添え字で順序付け，X_1，…，X_n と表すと，標本平均 $\bar{X}$（エックスバーと読みます）は

$$\bar{X} = \frac{1}{n}(X_1 + \cdots + X_n)$$

と表すことができます。

いま，この標本平均 $\bar{X}$ を一つの確率変数と考えてみましょう。**第5講**で学んだ期待値の性質③を用いると，標本平均の期待値 $E(\bar{X})$ は次のように計算されることがわかります。

$$E(\bar{X}) = \frac{1}{n}[E(X_1) + \cdots + E(X_n)] = \frac{n\mu}{n} = \mu$$

ここでは，全ての X_i につき期待値は $E(X_i) = \mu$ であることを用いています。このように，標本平均の期待値 $E(\bar{X})$ は母集団の平均（**母平均**）に等しくなります。

次に，標本平均の分散をみてみます。期待値の性質③を用いると，標本平均の分散 $V(\bar{X})$ は次のように計算されます。

$$V(\bar{X}) = \frac{1}{n^2}[V(X_1) + \cdots + V(X_n)] = \frac{n\sigma^2}{n^2} = \frac{\sigma^2}{n}$$

ここでは，全ての X_i につき分散は $V(X_i) = \sigma^2$ であり，独立な確率変数の間

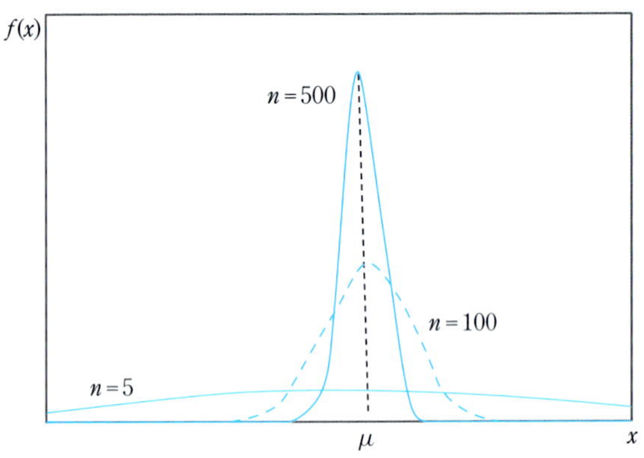

図 7–3　標本平均の分布と大数の法則

の共分散はゼロであることを用いています。このように，標本平均の分散 $V(\bar{X})$ は母集団の分散（**母分散**）を標本数 n で割ったものになります。

なお，統計量の分散の正の平方根（$\sigma/\sqrt{n}$）である標準偏差あるいはその推定値を**標準誤差**と呼ぶことがあります。

■ 大数の法則とは

標本平均の分散 $\dfrac{\sigma^2}{n}$ は，標本数 n が大きくなると小さくなります。このことから，図 7–3 にみられるように，標本数を大きくするほど標本平均の母平均 μ のまわりでのばらつきが小さくなります。また，標本数が無限に大きいと分散がゼロになりますので，標本平均は母平均に一致します。この性質を**大数の法則**と呼びます。

■ 標本平均の抽出分布

それでは，標本平均が従う確率分布の形状はどうでしょうか。**第 6 講**で述べたように，正規分布に従う確率変数の和は正規分布に従いますので，母集団が正規分布に従っていれば，標本平均の抽出分布は正規分布であることがわかります。また，正規分布は平均と分散のみによって規定されることを思い出すと，母集団の平均が μ で分散が σ^2 であれば，標本平均 $\bar{X}$ の抽出分布は，上で導出した平均 μ と分散 $\frac{\sigma^2}{n}$ を用いて

$$\bar{X} \sim N\left(\mu, \frac{\sigma^2}{n}\right)$$

であることがわかります。

この結果をさらに進めると，**第 6 講**で学んだように，標本平均を次のように標準化した統計量

$$Z = \frac{\bar{X} - \mu}{\sigma/\sqrt{n}}$$

は，標準正規分布に従うことがわかります。

■ 統計的仮定

ここで「母集団が正規分布に従う」という仮定が果たして妥当なのかを考えてみましょう。標本平均の抽出分布のような結果を得るために，このように母集団に置く仮定を，統計的仮定と呼びます。しかしながら，私たちは母集団を直接観察することはできませんので，それらの統計的仮定が妥当であるか否かにつき，現実のデータに照らし合わせて吟味する必要があります。もし仮定が正しくなければ，得られる結果がどのように歪むのか，またはどのように対処すればよいのか，を検討する必要があります。

現実のデータをみると，母集団が正規分布に従っているとは考えにくい場合が多くあります。例えば，試験の得点の確率分布を考えると，図 7–4（左図）のように勉強をした学生としなかった学生とで，2 つの山がある確率分布になっているかもしれません。世帯の所得が母集団だとしたら，確率分布は図 7–4（中図）のようになっていることが予想されます。また，図 7–4（右図）のように一様分布のような母集団を考えることもあります。

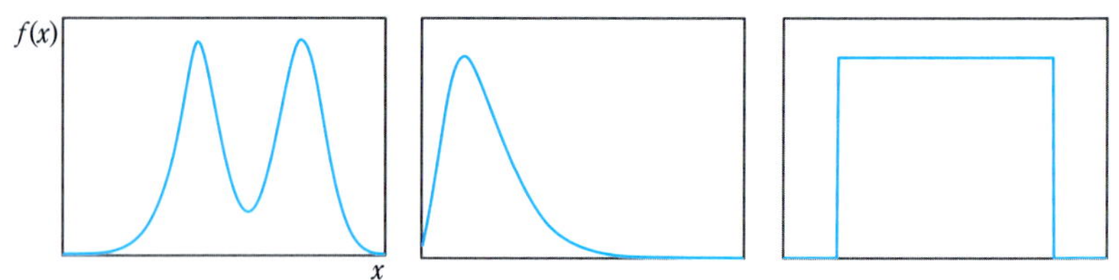

図 7–4　さまざまな母集団

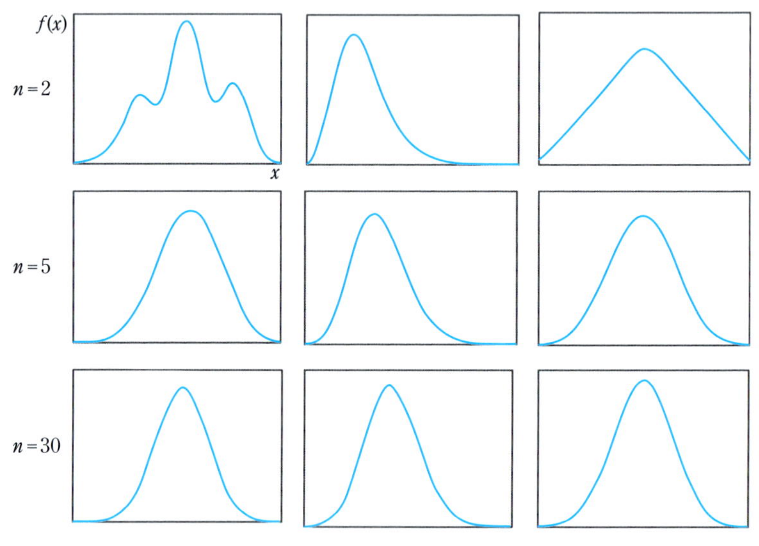

図 7–5　標本平均の確率分布

中心極限定理とは

母集団が正規分布に従っていない場合でも，標本数 n が充分に大きければ，標本平均の抽出分布は正規分布に近くなることが知られています。この性質は中心極限定理と呼ばれ，統計学の中で最も重要な定理の一つとなっています。

図 7–5 は，中心極限定理を図で表したものです。図 7–4 のような確率分布を持つ母集団から，標本数がそれぞれ $n=2$，$n=5$，$n=30$ の標本を抽出したときの標本平均 $\bar{X}$ が従う抽出分布の確率密度関数をそれぞれの列に描い

ています。標本数が2のときの標本平均の抽出分布は母集団の分布に影響され，いずれの例でも正規分布とはかけ離れています。ところが，標本数が大きくなるにつれて，正規分布の形状に近づいていくことがわかります。

【数値例】

第5講でみたように，全ての目が等しい確率で出るサイコロを母集団とすると，母平均は $\mu=\dfrac{7}{2}$ で母分散が $\sigma^2=\dfrac{35}{12}$ です。サイコロの目は正規分布とはかけ離れた母集団ですが，サイコロを30回振って出た目の平均は，$n=30$ の標本平均ですので，平均が $\mu=\dfrac{7}{2}$ で分散が $\dfrac{\sigma^2}{n}=\dfrac{35/12}{30}=\dfrac{7}{72}$ の正規分布に近い確率分布を持ちます。

最後に，標本平均の抽出分布について，母集団が正規分布に従う場合とそうでない場合に分けて，以下でまとめておきます。

●POINT7−1　標本平均の抽出分布

平均 μ で分散 σ^2 の母集団 X からの標本数 n の標本平均を $\bar{X}$ とすると

$$E(\bar{X})=\mu$$

$$V(\bar{X})=\frac{\sigma^2}{n}$$

である。さらに

(1) 母集団 X が正規分布に従うのであれば

$$\bar{X}\sim N\left(\mu,\frac{\sigma^2}{n}\right)$$

(2) 母集団 X が正規分布に従わなくても，標本数が充分に大きければ

$$\bar{X}\sim N\left(\mu,\frac{\sigma^2}{n}\right)$$

で近似される。

7.3 標本割合の抽出分布

本節では，0か1の二択の値を取るベルヌーイ分布に従う母集団の標本平均を考えます。このような確率変数は**第5講**でみたように，コイン投げ，試合の勝ち負け，消費者の行動など，現実にも多くの状況に当てはめることができます。なお，母集団の成功確率pを，より広範な意味で用いるために**母割合**とも呼びます。そこで，次のように計算した標本平均

$$\hat{p} = \frac{\sum_{i=1}^{n} X_i}{n}$$

は，この標本の中での1の値の割合ですので，とくに**標本割合**と呼びます。

標本割合の抽出分布を考えます。分子$\sum_{i=1}^{n} X_i$は，試行回数n，成功確率pの2項分布に従いますので，**第6講**で学んだように，nが充分に大きければ，平均がnpで分散が$np(1-p)$の正規分布で近似をすることができます。標本割合はそれをnで割ったものですので，期待値の性質①を用いると，抽出分布の平均と分散は次のようになります。

$$E(\hat{p}) = \frac{1}{n} E\left(\sum_{i=1}^{n} X_i\right) = p$$

$$V(\hat{p}) = \frac{1}{n^2} V\left(\sum_{i=1}^{n} X_i\right) = \frac{p(1-p)}{n}$$

このことから，次のように標準化を行った標本割合の抽出分布は，nが充分に大きければ，標準正規分布に従うことがわかります。

$$\frac{\hat{p} - p}{\sqrt{\frac{p(1-p)}{n}}}$$

標本割合の抽出分布をまとめると，次のようになります。

●POINT7–2　標本割合の抽出分布

成功確率 p のベルヌーイ確率分布に従う母集団 X からの標本数 n の標本割合を $\hat{p}$ とすると，標本数が充分に大きければ

$$\hat{p} \sim N\left(p, \frac{p(1-p)}{n}\right)$$

で近似される。

標本数が充分に大きい目安は，**第 6 講**で用いた 2 項分布を正規分布で近似する条件 $np(1-p) > 9$ を用います。

【数値例】

表と裏の出る確率が等しいコインを 50 回投げたうち表が出る割合の抽出分布を考えます。まず

$$50 \times 0.5 \times (1-0.5) = 12.5 > 9$$

が満たされているので，標本数 n は充分に大きいと考えられます。よって，平均が 0.5 で分散が

$$\frac{0.5(1-0.5)}{50} = 0.005$$

の正規分布に従います。

7.4　標本分散の抽出分布

本節では，母集団が正規分布に従う場合に話を戻し，標本分散の抽出分布を紹介します。確率変数の分散は，日常生活において大きな役割を果たします。例えば，金融資産に投資をするとき，平均的な収益率は小さいものの安定的な定期預金と，大きな収益を得られる代わりに損をするかもしれない株式投資を比較することがあります。その場合，いかに収益率の平均が小さく

ても，分散が小さい定期預金が好まれることがあります。

標本から次のように計算される**標本分散** s^2 を考えます。

$$s^2 = \frac{1}{n-1}\sum_{i=1}^{n}(X_i - \bar{X})^2$$

また，標本分散の正の平方根 s を**標本標準偏差**といいます。

標本分散を計算するときは，標本平均を計算するときとは違い，n ではなく自由度である $n-1$ で割ります。標本分散の総和記号の中には，n 個の自由に動くことのできる変数 $(X_i - \bar{X})$ がありますが，それぞれは同じ標本から計算される標本平均を引くことで中心化されている（標本平均を引くことを中心化と呼びます）ので，自由度は n ではなく $n-1$ となります。なお，本講末の補論で，この標本分散が次節で述べる不偏性を満たすことを示しています。

標本分散の抽出分布については，母集団が正規分布に従っていれば，標本分散を次のように標準化した統計量が自由度 $n-1$ のカイ二乗分布に従うことが知られています。つまり，次のようにまとめられます。

●POINT7–3　標本分散の抽出分布

分散 σ^2 の正規分布に従う母集団 X からの標本数 n の標本分散を s^2 とすると

$$\frac{(n-1)s^2}{\sigma^2} \sim \chi^2_{n-1}$$

【数値例】

株式から得られる1日の収益率が独立な標準正規分布に従っているとします。いま，10日間の収益率から計算した標本分散を s^2 とすると

$$\frac{(10-1)s^2}{1} = 9s^2$$

は，自由度9のカイ二乗分布に従います。

7.5 点推定

標本平均，標本割合，標本分散といった統計量を計算することで，未知のパラメータのもっともらしい値とすることを，**点推定**あるいは単に**推定**と呼びます。そして，点推定に用いられた統計量を**点推定量**あるいは単に**推定量**と呼びます。例えば，標本平均 $\bar{X}$ は母平均 μ の点推定量となり，標本分散 s^2 は母分散 σ^2 の点推定量となります。また，実際にデータを用いて推定量を計算した値を**推定値**と呼びます。つまり，推定値は確率変数である推定量の一つの実現値であるということができます。

点推定を行う際には，抽出分布を用いて，用いる推定量が望ましいものかを判断する必要があります。本節では，平均の推定を例にしてこれらの性質を紹介します。

■ 点推定量の望ましい性質：不偏性

まず，期待値がパラメータの真の値に等しいという性質を，推定量の**不偏性**と呼び

$$E(\bar{X}) = \mu$$

と表します。ここで，推定量の期待値と真の値の差を推定量の**バイアス（偏り）**と呼びます。

$$\text{バイアス（偏り）} = E(\bar{X}) - \mu$$

■ 点推定量の望ましい性質：一致性

また，標本数 n が大きくなるにつれて点推定量がパラメータの真の値に近づく性質を，推定量の**一致性**と呼びます。大数の法則により，標本数が大きくなるにつれて標本平均は母平均に一致しますので，標本平均は一致性を満

たすということができます。

■ 点推定量の望ましい性質：効率性

不偏性を満たす推定量が複数ある場合には，分散がより小さい推定量をより**効率的**な推定量と呼びます。また，2 つの不偏推定量を比較する場合には，それらの分散の比

$$\frac{\text{推定量 2 の分散}}{\text{推定量 1 の分散}}$$

を推定量 1 の推定量 2 に対する**相対的効率性**と呼びます。相対的効率性が 1 を上回る場合，推定量 1 は推定量 2 よりも望ましい性質を持つといえます。

【数値例】

平均が μ で分散が σ^2 の母集団 X からの $n=2$ の標本（X_1，X_2）を用いて，母平均 μ を推定することを考えます。点推定量として，標本平均

$$\bar{X}=\frac{1}{2}X_1+\frac{1}{2}X_2$$

と，異なる加重を用いた

$$\tilde{X}=\frac{1}{3}X_1+\frac{2}{3}X_2$$

を比べます。

それぞれの推定量の期待値を計算すると

$$E(\bar{X})=\frac{1}{2}E(X_1)+\frac{1}{2}E(X_2)=\mu$$

$$E(\tilde{X})=\frac{1}{3}E(X_1)+\frac{2}{3}E(X_2)=\mu$$

となり，どちらの推定量も不偏性を満たすことがわかります。そこで，それぞれの推定量の分散を計算すると

$$V(\bar{X})=\frac{1}{4}V(X_1)+\frac{1}{4}V(X_2)=\frac{1}{2}\sigma^2$$

$$V(\tilde{X}) = \frac{1}{9}V(X_1) + \frac{4}{9}V(X_2) = \frac{5}{9}\sigma^2$$

から，$\bar{X}$ の $\tilde{X}$ に対する相対的効率性は

$$\frac{V(\tilde{X})}{V(\bar{X})} = \frac{\frac{5}{9}\sigma^2}{\frac{1}{2}\sigma^2} = \frac{10}{9} > 1$$

となり，$\bar{X}$ は $\tilde{X}$ よりも効率的であることがわかります。

■ 平均平方誤差

推定量の**平均平方誤差**とは，推定量とパラメータの真の値の差を二乗したものの期待値

$$E[(\bar{X} - \mu)^2]$$

のことです。不偏性を満たさない推定量はバイアスがありますので，分散を用いた相対的効率性を用いて比較をするのは適切ではありません。ところが，平均平方誤差を用いることで推定量のバイアスと分散を総合的に評価することができます。これを見るために，**第 5 講**で学んだ期待値の性質②を用いると，平均平方誤差は，バイアスの二乗と分散の和

$$E[(\bar{X} - \mu)^2] = [E(\bar{X}) - \mu]^2 + V(\bar{X})$$

であることがわかります。なお，$\bar{X}$ が不偏推定量であれば，右辺の第 1 項のバイアスがゼロとなりますので，平均平方誤差は分散と一致します。

補論　標本分散の不偏性

ここでは，n ではなく $n-1$ で割った標本分散が不偏性を満たすことを示します。まず，下の最初の式のように標本平均からの二乗の総和に母平均 μ を入れ，総和記号の性質を丁寧に用いて展開していくと，次のようになります。

$$\begin{aligned}\sum_{i=1}^{n}(X_i-\bar{X})^2 &= \sum_{i=1}^{n}[(X_i-\mu)-(\bar{X}-\mu)]^2 \\ &= \sum_{i=1}^{n}[(X_i-\mu)^2-2(\bar{X}-\mu)(X_i-\mu)+(\bar{X}-\mu)^2] \\ &= \sum_{i=1}^{n}(X_i-\mu)^2-2(\bar{X}-\mu)\sum_{i=1}^{n}(X_i-\mu)+n(\bar{X}-\mu)^2 \\ &= \sum_{i=1}^{n}(X_i-\mu)^2-2n(\bar{X}-\mu)^2+n(\bar{X}-\mu)^2 \\ &= \sum_{i=1}^{n}(X_i-\mu)^2-n(\bar{X}-\mu)^2\end{aligned}$$

両辺の期待値をとり，期待値の性質①を用いると

$$\begin{aligned}E\left[\sum_{i=1}^{n}(X_i-\bar{X})^2\right] &= E\left[\sum_{i=1}^{n}(X_i-\mu)^2\right]-nE[(\bar{X}-\mu)^2] \\ &= \sum_{i=1}^{n}E[(X_i-\mu)^2]-nE[(\bar{X}-\mu)^2]\end{aligned}$$

となります。ここで，右辺の第 1 項は母平均の定義から $E[(X_i-\mu)^2]=\sigma^2$ ですので，$n\sigma^2$ となります。第 2 項は標本平均の分散より

$$E[(\bar{X}-\mu)^2]=\frac{\sigma^2}{n}$$

ですので，σ^2 となります。よって

$$E\left[\sum_{i=1}^{n}(X_i-\bar{X})^2\right]=n\sigma^2-\sigma^2=(n-1)\sigma^2$$

となることから，標本分散の期待値は

$$E(s^2)=E\left[\frac{1}{n-1}\sum_{i=1}^{n}(X_i-\bar{X})^2\right]$$
$$=\frac{1}{n-1}E\left[\sum_{i=1}^{n}(X_i-\bar{X})^2\right]$$
$$=\frac{1}{n-1}(n-1)\sigma^2=\sigma^2$$

となるので，不偏性を示すことができます。

■ Active Learning

《理解度チェック》

□1　パラメータと統計量の違いにつき，説明しなさい。

□2　全ての目が等しい確率で出るサイコロを2回振り，それらの平均を，$n=2$ の標本平均と考えます。この標本平均の抽出分布の平均と分散を求めなさい。

□3　真の打率が0.3であることがわかっている打者でも，10打席終了したときの打率は様々な値を取る確率変数になっています。その抽出分布の平均と分散を求めなさい。

□4　標本分散を計算する際に，n ではなく $n-1$ で割る理由を，点推定量の望ましい性質を用いて説明しなさい。

□5　バイアスがあるかもしれない2つの点推定量のうち，どちらを用いるべきかを判断する一つの基準を答えなさい。

《調べてみよう》

実際に硬貨を2回投げてみて，表が出た割合を10個記録してみましょう。また，硬貨を5回投げてみて，表が出た割合を10個記録してみましょう。前者の値の方が，後者の値よりもばらつきが大きいことを確認してみましょう。

《*Exercises*》

問1　平均が $\mu=100$，分散が $\sigma^2=81$ の正規分布に従う母集団から抽出された $n=36$ の標本を考える。

(1) 標本平均 $\bar{X}$ の抽出分布の平均と分散を求めなさい。

(2) 標本平均が 102 より大きい確率を求めなさい。

(3) 標本平均が 98 以上 101 以下である確率を求めなさい。

(4) 標本平均が 101.5 以下になる確率を求めなさい。

問2　問1の (1) から (4) につき，$n=81$ として，結果がどのように変わるか考察しなさい。

問3　あるポイント・カードの担当者によると，カード保有者の月末のポイント残高は，平均 500 ポイント，標準偏差 125 ポイントの正規分布に従っている。

(1) 無作為に 25 人のカード保有者を抽出したとき，その 25 人の平均ポイント残高が 550 ポイントを上回る確率を求めなさい。

(2) 無作為に 25 人のカード保有者を抽出したとき，その 25 人の平均ポイント残高が 475 ポイントから 540 ポイントの間である確率を求めなさい。

問4　成功確率 $p=0.4$ のベルヌーイ分布に従う母集団から，標本数 $n=100$ の標本を抽出した。

(1) 標本割合が正規分布で近似できるほど標本数が大きいことを確認しなさい。

(2) 標本割合が 0.45 を上回る確率を求めなさい。

(3) 標本割合が 0.3 を下回る確率を求めなさい。

(4) 標本割合が 0.45 を上回る確率を 0.05 以下にしたい場合，標本数を最低でもいくつにする必要があるかを答えなさい。

問5　プロ野球リーグにおいてある打者の真の打率は 0.28 であることがわかっている。

(1) 最初の 300 打席を終えたところでの打率の抽出分布を求めなさい。

(2) 最初の 300 打席を終えたところで，打率が 0.31 を上回っている確率を求めなさい。

問6　ある会社における職員の通勤時間は，標準偏差が 25 分の正規分布に従っていることがわかっている。

(1) 15 人の職員を無作為抽出したとき，標本標準偏差が 30 分より大きくなる確率を求めなさい。

(2) 30 人の職員を無作為抽出したとき，標本標準偏差が 20 分より小さくなる確率を求めなさい。

問 7　期末試験前日の大学生のインターネット閲覧時間は，平均 0.5（時間）で分散 1（時間）の正規分布に従っている。いま，無作為に抽出した 3 人の学生のインターネット閲覧時間を X_1，X_2，X_3 とし，以下の推定量を用いて平均を推定したい。

$$\bar{X} = \frac{1}{3}X_1 + \frac{1}{3}X_2 + \frac{1}{3}X_3$$

$$\tilde{X} = \frac{1}{2}X_1 + \frac{1}{4}X_2 + \frac{1}{8}X_3$$

$$\ddot{X} = \frac{1}{2}X_1 + \frac{1}{2}X_2$$

(1) 3 つの推定量 $\bar{X}$，$\tilde{X}$，$\ddot{X}$ のそれぞれにつき，不偏性を満たすかを答えなさい。

(2) (1) で回答した不偏性を満たす推定量のうち，最も効率的な推定量を選びなさい。

(3) 3 つの推定量 $\bar{X}$，$\tilde{X}$，$\ddot{X}$ のそれぞれにつき，平均平方誤差を計算しなさい。

（解答は，本書サポートページを参照。）

第8講 区間推定（1）

■母集団のパラメータを推定する際には，誤差が生じます。推定にどの程度の誤差があるかについて，区間を用いて示す手法を区間推定と呼びます。本講では，平均，割合，分散といったパラメータについての区間推定の方法を紹介します。

8.1 平均の区間推定

「この夏の平均最高気温はおそらく30度から34度の間です」や「来年度の経済成長率はおそらく1.0%から1.5%の間です」のように，不確かな事柄につき一定の区間をもって推測することがあります。統計的推論においても，ある確率でパラメータが含まれる区間を示すことを**区間推定**と呼び，この区

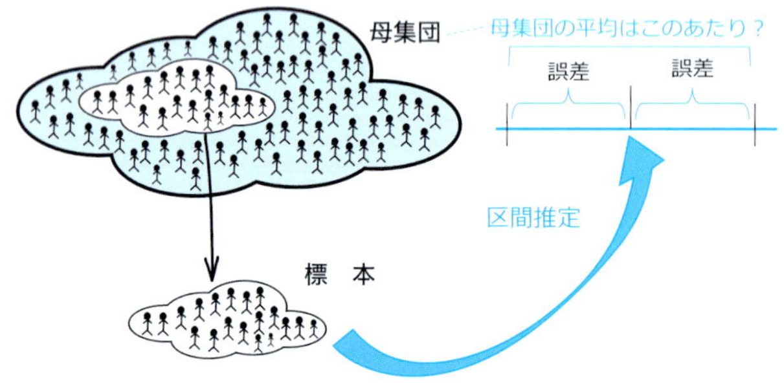

図8–1　区間推定の考え方

間のことを信頼区間と呼びます。本節では，まず母平均についての信頼区間の計算の方法を紹介します。

まず，次の統計的仮定を置きます。

仮定 8–1　母集団 X は正規分布に従う。
仮定 8–2　母分散 σ^2 は既知である。

第 7 講で触れたように，このような統計的仮定が妥当でない場合は，得られる結果がどの程度歪み，どのように対処するべきかを検討する必要があります。以下で説明するように，標本数 n が充分に大きければ仮定 8–1 は満たされていなくても，結果に大きな歪みがないことがわかっています。仮定 8–2 は現実的ではありませんが，まずこの仮定を用いた区間推定を説明した後，現実に即して，母分散 σ^2 が未知の場合の区間推定を説明します。

■「間違える確率」を決める

区間推定の第一歩は，図 8–2 にみるように信頼区間がパラメータの真の値を含む確率を指定することです。この確率を信頼水準と呼びます，逆にいうと，信頼区間に「パラメータの真の値が含まれない確率」あるいは「間違える確率」を決めるといってもよいでしょう。この「間違える確率」を α で表し，通常は 0.01，0.05，0.1 といった小さな値に設定します。信頼水準は

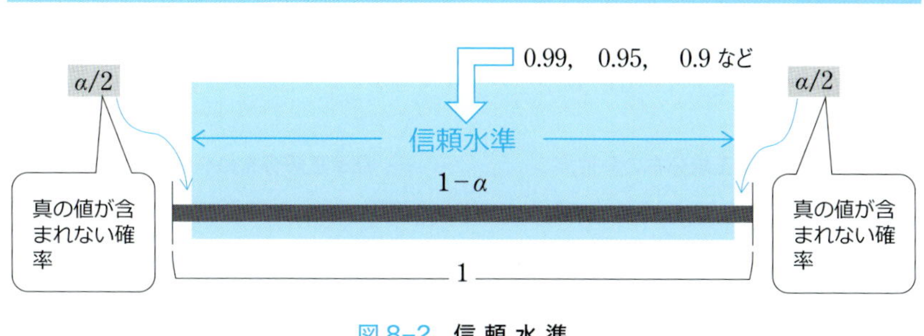

図 8–2　信頼水準

$1-\alpha$ で表されますので，通常は 0.99，0.95，0.90 のような比較的 1 に近い確率を用います。

■信頼区間を計算しよう

信頼水準を定めたら，母平均の信頼区間は図 8-3 にみるように，点推定量 $\bar{X}$ を中心としてその両側に**誤差範囲**を考慮した

$$\bar{X} \pm \text{誤差範囲}$$

で計算されます。

具体的には，**第 7 講**で学んだ標本平均の抽出分布を用いて，次のように誤差範囲を計算します。まず，仮定 8-1 と仮定 8-2 が成り立っているとします。すると，標本平均を標準化した統計量は，図 8-4 のように標準正規分

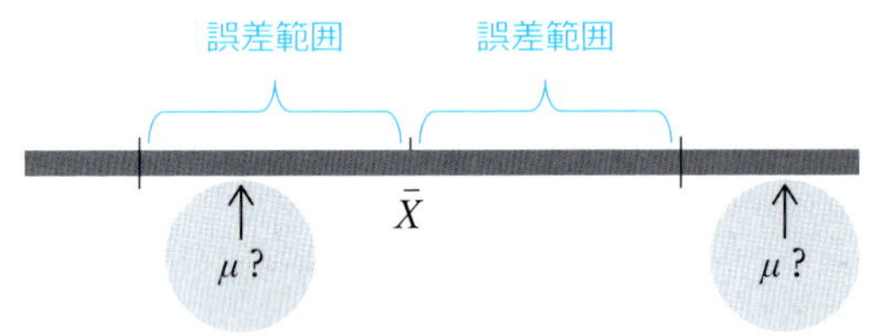

図 8-3　**母平均の信頼区間**

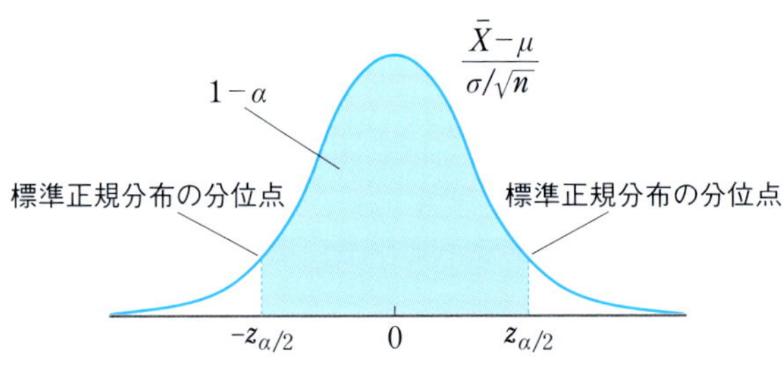

図 8-4　**標準化した標本平均**

布に従うことがわかっています。ここで，標準正規分布の $100\left(1-\frac{\alpha}{2}\right)$%分位点を $z_{\alpha/2}$ のように表すと，標準正規分布は平均0の周りで左右対称な分布なので

$$P\left(-z_{\alpha/2} < \frac{\bar{X}-\mu}{\sigma/\sqrt{n}} < z_{\alpha/2}\right) = 1-\alpha$$

であることがわかります。

さて，少し複雑になるのを我慢して，この式を次のように変形してみます。

$$P\left(-z_{\alpha/2}\frac{\sigma}{\sqrt{n}} < \bar{X}-\mu < z_{\alpha/2}\frac{\sigma}{\sqrt{n}}\right) = 1-\alpha$$

さらに

$$P\left(\bar{X}-z_{\alpha/2}\frac{\sigma}{\sqrt{n}} < \mu < \bar{X}+z_{\alpha/2}\frac{\sigma}{\sqrt{n}}\right) = 1-\alpha$$

と変形することで，母平均 μ が以下の区間

$$\left[\bar{X}-z_{\alpha/2}\frac{\sigma}{\sqrt{n}},\ \bar{X}+z_{\alpha/2}\frac{\sigma}{\sqrt{n}}\right] \tag{1}$$

に含まれる確率は $1-\alpha$ であることがわかります。そこで，この区間を母平均の **$100(1-\alpha)$%信頼区間**と呼びます。

上の結果から，誤差範囲は標準正規分布の $100\left(1-\frac{\alpha}{2}\right)$%分位点に標準誤差を掛けた

$$z_{\alpha/2}\frac{\sigma}{\sqrt{n}}$$

となることがわかります。

■ 実際には母分散はわからない

現実的に，仮定 8–2 が成り立たない場合を考えてみましょう。未知の標準偏差 σ を標本標準偏差 s で置き換えた統計量

$$\frac{\bar{X}-\mu}{s/\sqrt{n}}$$

は，標準正規分布ではなく自由度 $n-1$ の t 分布に従うことが知られています。(詳しくは，本講末の補論で説明します。)

この結果を用いると，母集団の分散が未知の場合には，母平均の $100(1-\alpha)\%$ 信頼区間は，標本標準偏差で推定した標準誤差 $\frac{s}{\sqrt{n}}$（これを単に標準誤差と呼ぶこともあります）と自由度 $n-1$ の t 分布の $100\left(1-\frac{\alpha}{2}\right)\%$ 分位点 $t_{n-1,\alpha/2}$ を用いて

$$\left[\bar{X}-t_{n-1,\alpha/2}\frac{s}{\sqrt{n}},\ \bar{X}+t_{n-1,\alpha/2}\frac{s}{\sqrt{n}}\right] \qquad (2)$$

となります。この結果を（1）と比べると，σ が s に置き換わり，標準正規分布の分位点が自由度 $n-1$ の t 分布の分位点に置き換わっています。

例：プリペイドカードを運営する会社は，全カード保有者の平均残高（円）を知ることで，カード保有者が増加したときに得られる資金量を推定することができます。個別の残高が正規分布に従うとします。いま，16 人の保有者を抽出したところ，標本平均は $\bar{X}=8100$ で標本標準偏差は $s=5600$ となりました。このとき、全保有者の平均残高の 95％信頼区間は

$$\left[8100-t_{15,\,0.025}\frac{5600}{4},\ 8100+t_{15,\,0.025}\frac{5600}{4}\right]$$

となります。$t_{15,\,0.025}$ は 2.131 です。(**第 6 講**第 5 節で，その求め方を説明しました（=t.inv(0.975,15))。) これを計算すると，残高の母平均は 95％の確率で 5116 円から 11084 円の間にあると推定されます。

●POINT8–1　母平均の信頼区間

平均 μ で分散 σ^2 の正規分布に従う母集団 X からの標本数 n の標本平均を $\bar{X}$，標本標準偏差を s とすると，μ の $100(1-\alpha)\%$ 信頼区間は次のようになる。

1. 母分散が既知の場合

$$\left[\bar{X} - z_{\alpha/2}\frac{\sigma}{\sqrt{n}},\ \ \bar{X} + z_{\alpha/2}\frac{\sigma}{\sqrt{n}}\right]$$

2. 母分散が未知の場合

$$\left[\bar{X} - t_{n-1,\alpha/2}\frac{s}{\sqrt{n}},\ \ \bar{X} + t_{n-1,\alpha/2}\frac{s}{\sqrt{n}}\right]$$

■ 母集団が正規分布に従わない場合の注意

実際のデータを用いると，母集団が正規分布に従わないと考えられることは多くあります。そこで，仮定 8–1 が成立していない場合の区間推定の結果の歪みにつき，まとめておきます。

まず，標本数 n が充分に大きい場合，中心極限定理を用いると，標本平均を標準化した統計量は標準正規分布に従います。また，標本分散は母分散に充分近づきますので，(2) と (1) の信頼区間の違いは非常に小さくなります。一方で，標本数 n があまり大きくない場合は，(2) を用いて計算した信頼区間は不正確な場合がありますので，幅をもって解釈する必要があります。

具体的にどの程度の標本数 n を目安とするかは，母集団の分布により異なります。多くの例では，$n \geq 30$ が目安とされますが，母集団の確率分布が非対称であったり，外れ値があるような場合は，標本数 n はそれより大きい必要があります。一方で，母集団の分布が左右対称であれば，標本数は 15 くらいでも，信頼区間の結果は大きく歪みません。

8.2 信頼区間の大きさ

信頼区間の大きさは

上限の値　－　下限の値

で計算されます。同じ信頼水準であれば，実際には信頼区間は小さい方が便利です。また，意味のある信頼区間を得るために，一定以下の大きさにしたい場合もあります。本節では，信頼区間の大きさについての一般的な性質を，母平均の信頼区間を例にとって説明します。母平均の信頼区間の大きさは誤差範囲の2倍，つまり母分散が未知の場合をとると

$$2\times\left(t_{n-1,\alpha/2}\frac{s}{\sqrt{n}}\right)$$

で表されます。

(1) 標本数を大きくすると信頼区間は小さくなる

標本数nを大きくすると，次の2つの要因で信頼区間が小さくなります。まず，標準誤差$s/\sqrt{n}$が小さくなります。次に，自由度$n-1$のt分布の裾がより薄くなります（標準正規分布に近づきます）ので，$t_{n-1,\alpha/2}$がより左側の（絶対値で小さい）値をとります。その結果，同じ信頼水準での信頼区間は小さくなります。

(2) 母集団の分散が小さいと信頼区間は小さくなる

σ^2が小さいとその推定値であるs^2，よって標準誤差$\dfrac{s}{\sqrt{n}}$が小さくなるので，信頼区間は小さくなる傾向があります。これは，母集団にばらつきが小さいので，母平均をより正確に推定できるからです。

(3) 信頼水準を小さくすると信頼区間は小さくなる

信頼水準$1-\alpha$を小さくすると，αが大きいため$t_{n-1,\alpha/2}$がより左側の（小

さい）値をとり，信頼区間は小さくなります。つまり，誤る確率を大きくしているので，より小さい区間となるのです。

■ 信頼区間の大きさから標本数を決定する

（1）の性質を用いると，ある信頼区間の大きさを達成するのに必要な標本数を求めることができます。例えば，前のプリペイドカードの例で，信頼区間の大きさは

$$11084-5116=5968\ (\text{円})$$

です。ところが，もし信頼区間の大きさを 1000 円にしたい場合，標本標準偏差 s が一定であれば

$$2\times\left(t_{15,\ 0.025}\frac{5600}{\sqrt{n}}\right)=1000$$

を n について解くことで

$$n=\left(\frac{5600}{1000}\times2\times t_{15,\ 0.025}\right)^2=569.88$$

となるため，570 人の標本が必要ということになります。ここで，$t_{570,\ 0.025}$ を用いて再度必要な標本数を計算すると，484 人となります。そこで，$t_{483,\ 0.025}$ を用いると，最終的に 485 人の標本が必要となることがわかります。

8.3 割合の区間推定

本節では，0 か 1 の二択の値をとるベルヌーイ分布に従う母集団の母割合（成功確率）p の信頼区間を説明します。**第 7 講**でみたように，標本数 n が充分に大きければ

$$\frac{\hat{p}-p}{\sqrt{\dfrac{p(1-p)}{n}}}$$

は標準正規分布に従います。

これを用いると

$$P\left(-z_{\alpha/2} < \frac{\hat{p}-p}{\sqrt{\frac{p(1-p)}{n}}} < z_{\alpha/2}\right) = 1-\alpha$$

となることがわかりますから，上式を次のように変形することで，母割合 p についての信頼区間を得ることができます。

$$P\left(\hat{p}-z_{\alpha/2}\sqrt{\frac{p(1-p)}{n}} < p < \hat{p}+z_{\alpha/2}\sqrt{\frac{p(1-p)}{n}}\right) = 1-\alpha$$

なお，標準誤差 $\sqrt{\frac{p(1-p)}{n}}$ は，標本数 n が充分に大きければ，$\sqrt{\frac{\hat{p}(1-\hat{p})}{n}}$ を用いて置き換えることができます。標本数が充分に大きい目安は，**第6講**で2項分布を正規分布で近似した条件

$$np(1-p) > 9$$

を用います。

その結果，母割合 p の $100(1-\alpha)\%$ 信頼区間は

$$\left[\hat{p}-z_{\alpha/2}\sqrt{\frac{\hat{p}(1-\hat{p})}{n}},\ \hat{p}+z_{\alpha/2}\sqrt{\frac{\hat{p}(1-\hat{p})}{n}}\right]$$

と表されます。また，誤差範囲は

$$z_{\alpha/2}\sqrt{\frac{\hat{p}(1-\hat{p})}{n}}$$

となります。ここでも，前節の（1）と（3）でみたように標本数 n を大きくすると信頼区間は大きくなり，信頼水準を小さくすると信頼区間は小さくなることがわかります。

例：ある野球選手の真の打率を母割合として区間推定するために，リーグ開幕から 50 打席の打率を計算したところ $\hat{p}=0.28$ でした。なお

$$np(1-p)=50\times 0.28\times(1-0.28)=10.08>9$$

より，充分に大きい標本数があると考えられますので，母割合の 95%信頼区間は

$$\left[0.28-z_{0.025}\sqrt{\frac{0.28(1-0.28)}{50}},\ 0.28+z_{0.025}\sqrt{\frac{0.28(1-0.28)}{50}}\right]$$

となります。$z_{0.025}$ は，1.96 です。（**第 6 講**第 5 節で，その求め方を説明しました（=norm.s.inv(0.975))。）これを計算すると，この選手の真の打率は 95%の確率で 0.16 から 0.40 の間にあることになります。

●POINT8–2　母割合の信頼区間

成功確率 p のベルヌーイ確率分布に従う母集団 X からの標本数 n の標本割合を $\hat{p}$ とすると，標本数 n が充分に大きければ，母割合の $100(1-\alpha)$%信頼区間は

$$\left[\hat{p}-z_{\alpha/2}\sqrt{\frac{\hat{p}(1-\hat{p})}{n}},\ \hat{p}+z_{\alpha/2}\sqrt{\frac{\hat{p}(1-\hat{p})}{n}}\right]$$

で近似される。

8.4 分散の区間推定

本節では，母分散 σ^2 の信頼区間について説明します。**第 7 講**でみたように，仮定 8–1 が成り立っていれば，標本分散 s^2 を母分散 σ^2 と標本数 n で標準化した統計量は，自由度 $n-1$ のカイ二乗分布に従います。そこで，信頼区間を計算するにあたっては，図 8–5 に表されるように抽出分布である自由度 $n-1$ のカイ二乗分布の $100\frac{\alpha}{2}$%分位点を $\chi^2_{n-1,1-\alpha/2}$，$100\left(1-\frac{\alpha}{2}\right)$%分位点を $\chi^2_{n-1,\alpha/2}$ として，次の結果を用いることができます。

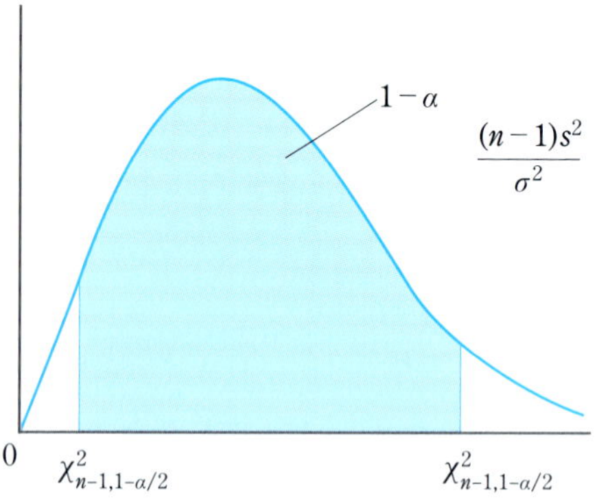

図 8–5　標準化した標本分散

$$P\left(\chi^2_{n-1,1-\alpha/2} < \frac{(n-1)s^2}{\sigma^2} < \chi^2_{n-1,\alpha/2}\right) = 1-\alpha$$

この式を変形すると

$$P\left(\frac{(n-1)s^2}{\chi^2_{n-1,\alpha/2}} < \sigma^2 < \frac{(n-1)s^2}{\chi^2_{n-1,1-\alpha/2}}\right) = 1-\alpha$$

となりますので，母分散 σ^2 の $100(1-\alpha)\%$ 信頼区間は

$$\left[\frac{(n-1)s^2}{\chi^2_{n-1,\alpha/2}},\ \frac{(n-1)s^2}{\chi^2_{n-1,1-\alpha/2}}\right]$$

となります。

このように，標本分散の抽出分布は非対称ですので，信頼区間は平均や割合のように点推定量±誤差範囲という形にはなりません。

例：あるスーパーには5台のレジがあります。待ち時間（分）のばらつきを小さくするために，列を1つにして空いたレジに行くシステムにし，50人の標本を用いて待ち時間を計算したところ，標本標準偏差は3.2となりました。新システムの待ち時間の分散の95%信頼区間は

$$\left[\frac{49\times 3.2^2}{\chi^2_{49,\ 0.025}},\ \frac{49\times 3.2^2}{\chi^2_{49,\ 0.975}}\right]$$

となります。$\chi^2_{49,\ 0.025}$ は70.222，$\chi^2_{49,\ 0.975}$ は31.555です。（**第6講**第5節で，その求め方を説明しました（=chisq.inv(0.975,49) および =chisq.inv(0.025,49))。）これを計算すると，[7.14, 15.90]となりますので，分散は95%の確率で7.14から15.90の間にあることがわかります。

●POINT8-3　分散の信頼区間

分散 σ^2 の正規分布に従う母集団 X からの標本数 n の標本分散を s^2 とすると，母分散の $100(1-\alpha)$%信頼区間は

$$\left[\frac{(n-1)s^2}{\chi^2_{n-1,\alpha/2}},\ \frac{(n-1)s^2}{\chi^2_{n-1,1-\alpha/2}}\right]$$

となる。

補論　標準化した標本平均の抽出分布

ここでは，標準誤差の推定値で標準化された標本平均

$$\frac{\bar{X}-\mu}{s/\sqrt{n}}$$

が標準正規分布ではなく自由度 $n-1$ の t 分布に従うことを示します。そのために，まず分子と分母を $\sigma/\sqrt{n}$ で割ると

$$\left(\frac{\bar{X}-\mu}{\sigma/\sqrt{n}}\right)\Bigg/\left(\frac{s/\sqrt{n}}{\sigma/\sqrt{n}}\right)$$

となります。この分子 $\left(\dfrac{\bar{X}-\mu}{\sigma/\sqrt{n}}\right)$ は，**第 7 講**でみたように，仮定 8–1 の下で標準正規分布に従うことがわかります。

一方で，分母は

$$\left(\frac{s/\sqrt{n}}{\sigma/\sqrt{n}}\right)=\sqrt{\frac{s^2}{\sigma^2}}=\sqrt{\frac{(n-1)s^2/\sigma^2}{n-1}}$$

となります。**第 7 講**でみたように，仮定 8–1 の下では平方根の中の分子

$$(n-1)s^2/\sigma^2$$

は自由度 $n-1$ のカイ二乗分布に従います。また，分子と分母とは独立であることが知られています。

最後に，**第 6 講**で学んだ t 分布の定義を思い出すと，標準正規分布とそれと独立な自由度 $n-1$ のカイ二乗分布を自由度で割った正の平方根の比は，自由度 $n-1$ の t 分布に従うことがわかります。

■ Active Learning

《理解度チェック》

□1　母平均を区間推定するときの統計的仮定を2つ述べなさい。

□2　母平均の95%信頼区間とは，何を意味しているかを正確に述べなさい。

□3　母平均の信頼区間の大きさに影響を与える要因を3つあげ，それぞれが変わることにより信頼区間の大きさがどのように変化するかを述べなさい。

□4　ベルヌーイ分布に従う母集団の母割合の信頼区間を正確に計算するために，標本数が満たすべき性質を述べなさい。

□5　母分散の信頼区間を正確に計算するために，母集団の確率分布が満たすべき統計的仮定を述べなさい。

《調べてみよう》

テレビの選挙速報では，開票率1%でも当選確実の報道がなされています。これには本講で述べた統計学の考え方が利用されていると考えられますが，どのような調査と計算が必要となるでしょうか。

《*Exercises*》

問1　平均が μ，分散が $\sigma^2=16$ の正規分布に従う母集団から抽出された以下の標本と信頼水準に基づき，μ の信頼区間を求めなさい。

(1) $\bar{X}=50$，$n=64$，$1-\alpha=0.90$

(2) $\bar{X}=50$，$n=64$，$1-\alpha=0.95$

(3) $\bar{X}=50$，$n=225$，$1-\alpha=0.95$

問2　平均が μ の正規分布に従う母集団から抽出された以下の標本と信頼水準に基づき，μ の信頼区間を求めなさい。

(1) $\bar{X}=50$，$n=16$，$s^2=16$，$1-\alpha=0.95$

(2) $\bar{X}=50$，$n=64$，$s^2=16$，$1-\alpha=0.95$

(3) $\bar{X}=50$，$n=64$，$s^2=64$，$1-\alpha=0.95$

(4) (1)～(3) のうち，母集団が正規分布に従っていなくても，概ね結果が正確であると考えられる信頼区間を答えなさい。

問3 毎年恒例のオーケストラ・コンサートの入場者数は，正規分布に従っており，過去 16 年間では次のようになっている。

548 642 498 890 610 782 963 812
423 533 721 903 745 602 823 487

(1) 集客人数の母平均の不偏推定量を求めなさい。

(2) 入場者数の母平均の 95％信頼区間を求めなさい。

問4 あるコンビニエンス・ストアでのコーヒーの日別の販売数データを 36 日分集めたところ，標本平均は 46，標本標準偏差は 20 であった。なお，コーヒーの販売数は正規分布に従っていると仮定しなさい。

(1) 販売数の母平均の 90％信頼区間を求めなさい。

(2) データを 64 日間に拡張したところ，標本平均は 50，標本標準偏差は 20 であった。この場合，90％信頼区間の長さがどのように変わるかを説明しなさい。

問5 成功確率が p のベルヌーイ分布に従う母集団から抽出された以下の標本と信頼水準に基づき，母割合 p の信頼区間を求めなさい。

(1) $\hat{p}=0.3$，$n=250$，$1-\alpha=0.95$

(2) $\hat{p}=0.45$，$n=175$，$1-\alpha=0.90$

(3) $\hat{p}=0.05$，$n=400$，$1-\alpha=0.99$

(4) $\hat{p}=0.9$，$n=1000$，$1-\alpha=0.975$

問6 あるスーパー・マーケットのチーズの試食コーナーで，試食した人のうち何人が購入するかを調査したところ，200 人中 32 人が購入をした。なお，試食をした人が購入するか否かは，ベルヌーイ確率分布に従っていると仮定しなさい。

(1) この標本における試食した人の割合を求めなさい。

(2) 試食する人が購入する割合の 95％信頼区間を求めなさい。

(3) チーズの 1 個当たりの売上利益を 50 円とする。いま，200 食を試食に出す場合，この試食により得られる利益の 95％信頼区間を求めなさい。

問7 平均が μ，分散が σ^2 の正規分布に従う母集団から抽出された以下の標本と信頼水準に基づき，母分散の信頼区間を求めなさい。

(1) $s^2 = 16$, $n = 12$, $1 - \alpha = 0.95$

(2) $s^2 = 0.8$, $n = 25$, $1 - \alpha = 0.90$

(3) $s = 7$, $n = 44$, $1 - \alpha = 0.99$

問 8　収益率の平均や分散を調整するために，株式や債券などの資産を組み合わせたものを投資ポートフォリオという。ある信託銀行では，顧客に危険な資産を提供しないようにするため，年率で測った収益率の分散が 16.00 以上の投資ポートフォリオは取り扱わないこととしている。いま，ある投資ポートフォリオの 17 年分の収益率のデータを用いたところ，標本平均は 8.20，標本分散は 7.96 であった。この投資ポートフォリオの収益率は，正規分布に従うことが知られている。

(1) その投資ポートフォリオの収益率の分散が 16.00 以上である確率を求めなさい。

(2) その投資ポートフォリオの収益率の分散の 95％信頼区間を求めなさい。

(解答は，本書サポートページを参照。)

第 9 講
区間推定 (2)

■2 つの国の平均所得を比較する，試験の平均点を男女で比較するなど，2 つの異なる母集団のパラメータの「違い」を知りたい場合は多くあります。本講では，2 つの母集団のパラメータの違いの区間推定を学びます。

9.1 平均の差の区間推定

本節では，2 つの独立な母集団 X と母集団 Y があり，それらから標本が得られている状況を考えます。例えば，イギリスとフランスのように 2 つの国の家計から所得のデータが得られている場合，また，次の例のように，男子学生と女子学生から試験の点数のデータが得られている場合などです。それらの母平均の差について，区間推定を行うことを考えます。

例：表 9–1 は，男子学生 10 人と女子学生 7 人の英語の期末試験の点数です。ここでは，男子学生の標本平均（74 点）は女子学生の標本平均（79 点）よりも低いことに注目してみましょう。もしかすると，男子学生と女子学生の間には英語の能力に差があり，それぞれは異なる平均を持つ母集団からの標本であると考えるべきかもしれません。

このような状況を表したのが図 9–1 です。母集団 X からは標本数 n_X の標本，母集団 Y からは標本数 n_Y の標本が得られています。ここで，**第 8 講**と同様に次のような統計的仮定を置きます。

仮定 9–1　母集団 X と母集団 Y は，それぞれ独立した正規分布に従う。

仮定 9–2　母分散 σ_X^2 と σ_Y^2 は既知である。

表 9–1　期末試験の得点

	男子学生	女子学生
	76	89
	85	94
	43	68
	96	80
	66	68
	88	96
	57	58
	90	
	77	
	62	
標本平均	74	79

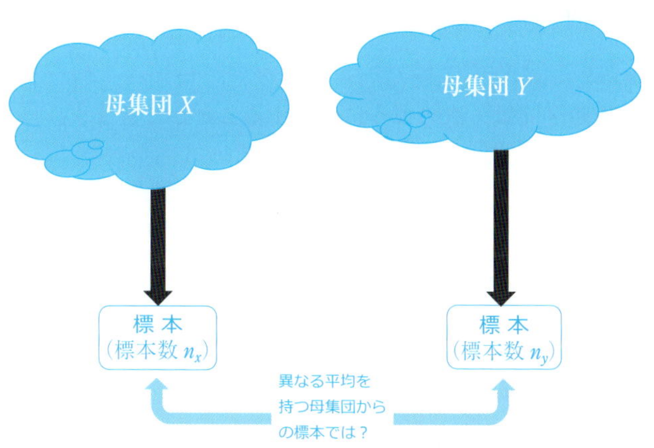

図 9–1　2つの母集団からの標本抽出

■ 信頼区間の計算

標本平均の差 $\bar{X}-\bar{Y}$ を母平均の差の点推定量として用いることで，母平均と同様の手法で信頼区間を計算します。そのために，標本平均の差の抽出分布を考えます。まず，期待値の性質③を用いると，標本平均の差の期待値は

$$\begin{aligned} E(\bar{X}-\bar{Y}) &= E(\bar{X})-E(\bar{Y}) \\ &= \mu_X-\mu_Y \end{aligned}$$

となります。標本平均の差の分散については，2 つの母集団が独立であるという仮定 9–1 から，期待値の性質③を用いて

$$V(\bar{X}-\bar{Y})=V(\bar{X})+V(\bar{Y})=\frac{\sigma_X^2}{n_X}+\frac{\sigma_Y^2}{n_Y}$$

となります。

また，仮定 9–1 のようにそれぞれの母集団が正規分布に従うのであれば標本平均は正規分布に従いますので，次のように標準化した統計量

$$\frac{(\bar{X}-\bar{Y})-(\mu_X-\mu_Y)}{\sqrt{\dfrac{\sigma_X^2}{n_X}+\dfrac{\sigma_Y^2}{n_Y}}}$$

は標準正規分布に従うことがわかります。

そこで，仮定 9–2 のように分散が既知の場合には，平均の差 $\mu_X-\mu_Y$ の $100(1-\alpha)\%$ 信頼区間は，次のように計算することができます。

$$\bar{X}-\bar{Y}\pm z_{\alpha/2}\sqrt{\frac{\sigma_X^2}{n_X}+\frac{\sigma_Y^2}{n_Y}}$$

■ 分散が未知の場合

分散が未知の場合を考えます。母集団が正規分布に従っていれば，**第 8 講**でみたように，標本分散を用いて標準化した標本平均の抽出分布は自由度が $n-1$ の t 分布となります。そこで，次の 2 つの場合に分けて考えてみます。

まず，2 つの母集団の分散が等しいことがわかっている場合です。この場合には，母分散 σ^2 を標本分散

$$s^2 = \frac{(n_X - 1)s_X^2 + (n_Y - 1)s_Y^2}{n_X + n_Y - 2}$$

で置き換え，自由度が $n_X + n_Y - 2$ の t 分布の $100\left(1 - \dfrac{\alpha}{2}\right)$%分位点を用いることで，次のように $100(1-\alpha)$%信頼区間を計算することができます。

$$\bar{X} - \bar{Y} \pm t_{n_X + n_Y - 2, \alpha/2} \sqrt{\frac{s^2}{n_X} + \frac{s^2}{n_Y}}$$

次に，2 つの母集団の分散が異なっているかもしれない場合には，次のようになります。

$$\bar{X} - \bar{Y} \pm t_{\nu, \alpha/2} \sqrt{\frac{s_X^2}{n_X} + \frac{s_Y^2}{n_Y}}$$

ここで，t 分布の自由度 ν はやや複雑ですが，

$$\nu = \frac{\left(\dfrac{s_X^2}{n_X} + \dfrac{s_Y^2}{n_Y}\right)^2}{\dfrac{(s_X^2/n_X)^2}{n_X - 1} + \dfrac{(s_Y^2/n_Y)^2}{n_Y - 1}}$$

となります。

なお，実際には母集団の分散が等しいか否かはわかりませんので，多くの場合，後者のケースを用いることになります。

例：表 9–1 で，男子と女子の試験の点数の母分散が異なっているかもしれないとすると，平均点の差の 95%信頼区間は，次のように計算されます。まず，標本分散は

$$\frac{s_X^2}{n_X}+\frac{s_Y^2}{n_Y}=\frac{280.9}{10}+\frac{216.3}{7}=58.99$$

です。自由度νを計算してみましょう。上の式の分子は

$$\left(\frac{s_X^2}{n_X}+\frac{s_Y^2}{n_Y}\right)^2=58.99^2=3480.25$$

となり，分母は

$$\frac{(s_X^2/n_X)^2}{n_X-1}=\frac{\left(\frac{280.9}{10}\right)^2}{9}=87.67$$

$$\frac{(s_Y^2/n_Y)^2}{n_Y-1}=\frac{\left(\frac{216.3}{7}\right)^2}{6}=159.18$$

の和をとることで246.85となります。よって，抽出分布の自由度は

$$\nu=\frac{3480.25}{246.85}=14.10$$

となります。$t_{14.10,0.025}=2.14$です（=t.inv(0.975,14.10)）ので，信頼区間は

$$(74-79)\pm 2.14\times\sqrt{58.99}$$

つまり，$[-21.47, 11.47]$となります。

以上の結果は，次のようにまとめることができます。

●POINT9–1　平均の差の信頼区間

2つの独立な母集団XとYにつき，Xは平均μ_Xで分散σ_X^2の正規分布に従い，Yは平均μ_Yで分散σ_Y^2の正規分布に従うとする。それぞれの標本数をn_Xおよびn_Y，標本平均を$\bar{X}$および$\bar{Y}$，標本標準偏差をs_Xおよびs_Yとすると，母平均の差の$100(1-\alpha)$%信頼区間は次のようになる。

1. 母分散が既知の場合

$$\bar{X}-\bar{Y}\pm z_{\alpha/2}\sqrt{\frac{\sigma_X^2}{n_X}+\frac{\sigma_Y^2}{n_Y}}$$

2. 母分散が未知の場合

(a) 2つの母分散が等しければ

$$\bar{X}-\bar{Y} \pm t_{n_X+n_Y-2,\alpha/2}\sqrt{\frac{s^2}{n_X}+\frac{s^2}{n_Y}}$$

なお

$$s^2=\frac{(n_X-1)s_X^2+(n_Y-1)s_Y^2}{n_X+n_Y-2}$$

(b) 2つの母分散が異なるかもしれなければ

$$\bar{X}-\bar{Y} \pm t_{\nu,\alpha/2}\sqrt{\frac{s_X^2}{n_X}+\frac{s_Y^2}{n_Y}}$$

ここで

$$\nu=\frac{\left(\frac{s_X^2}{n_X}+\frac{s_Y^2}{n_Y}\right)^2}{\frac{(s_X^2/n_X)^2}{n_X-1}+\frac{(s_Y^2/n_Y)^2}{n_Y-1}}$$

9.2 割合の差の区間推定

2つの母集団が0か1をとるベルヌーイ分布に従う場合，母割合の差の信頼区間を考えることができます。例えば，表9–2はある航空会社の東京—ロンドン便と東京—ニューヨーク便において，搭乗客が和食と洋食のどちらを選んだかを示しています。2つの便で和食を選んだ割合の差を推定することで，搭乗客の嗜好にどの程度違いがあるかを調べることができます。

2つの便を，独立な母集団XおよびYとします。それぞれの母集団において和食を選ぶ人の割合をp_Xおよびp_Yとすると，母割合の差はp_X-p_Yです。いま，それぞれの標本割合を$\hat{p}_X$および$\hat{p}_Y$とします。

表 9-2　国際便での食事データ

	東京—ロンドン	東京—ニューヨーク
和　食	135	168
洋　食	165	182
総　数	300	350

■ 信頼区間の計算

標本割合の差 $\hat{p}_X - \hat{p}_Y$ を推定量として用い，その抽出分布を考えます。標本割合の期待値は

$$\begin{aligned} E(\hat{p}_X - \hat{p}_Y) &= E(\hat{p}_X) - E(\hat{p}_Y) \\ &= p_X - p_Y \end{aligned}$$

となります。また，標本割合の分散は，2 つの母集団は独立ですので

$$\begin{aligned} Var(\hat{p}_X - \hat{p}_Y) &= Var(\hat{p}_X) + Var(\hat{p}_Y) \\ &= \frac{p_X(1-p_X)}{n_X} + \frac{p_Y(1-p_Y)}{n_Y} \end{aligned}$$

となります。

また，それぞれの標本数が十分に大きければ，$\hat{p}_X$ と $\hat{p}_Y$ は正規分布で近似することができますので，次のように標準化された統計量

$$\frac{(\hat{p}_X - \hat{p}_Y) - (p_X - p_Y)}{\sqrt{\dfrac{p_X(1-p_X)}{n_X} + \dfrac{p_Y(1-p_Y)}{n_Y}}}$$

は標準正規分布に従います。そこで，**第 8 講**で行ったように，標準誤差の母割合を標本割合で置き換えると，割合の差 $p_X - p_Y$ の $100(1-\alpha)\%$ 信頼区間を

$$\hat{p}_X - \hat{p}_Y \pm z_{\alpha/2}\sqrt{\frac{\hat{p}_X(1-\hat{p}_X)}{n_X} + \frac{\hat{p}_Y(1-\hat{p}_Y)}{n_Y}}$$

と求めることができます。

●POINT9–2　母割合の差の信頼区間

2つの独立なベルヌーイ分布に従う母集団XおよびYの母割合（成功確率）をp_Xおよびp_Yとする。母集団Xからの標本数n_Xの標本割合を$\hat{p}_X$，母集団Yからの標本数n_Yの標本割合を$\hat{p}_Y$とすると，標本数が充分に大きければ，割合の差の$100(1-\alpha)$信頼区間は

$$\hat{p}_X-\hat{p}_Y \pm z_{\alpha/2}\sqrt{\frac{\hat{p}_X(1-\hat{p}_X)}{n_X}+\frac{\hat{p}_Y(1-\hat{p}_Y)}{n_Y}}$$

となる。

例：東京—ロンドン便と東京—ニューヨーク便で和食を選ぶ人の割合の差の95%信頼区間は，$\hat{p}_X=\frac{135}{300}=0.45$および$\hat{p}_Y=\frac{168}{350}=0.48$より

$$-0.03 \pm z_{0.025}\sqrt{\frac{0.45(1-0.45)}{300}+\frac{0.48(1-0.48)}{350}}$$

となり，$z_{0.025}=1.96$ですので（=norm.s.inv(0.975)），これを計算すると$[-0.11, 0.05]$となります。

ここまでで区間推定を学びましたが，次の**第10講**からは統計的推論のもう一つの柱である仮説検定に話を移します。実は，仮説検定の方法は区間推定の考え方と密接に結びついていますので，これまでに学んだことを，再度振り返ってみることをお勧めします。

9.3　Excelを用いた区間推定

第8講と**第9講**で学んだ信頼区間は，Excelの関数機能を用いることで求めることができます。また，一部の計算はデータ分析ツールを用いることができます。ここでは，**第8講**で学んだ1つの母集団の場合の信頼区間を中心に説明をします。

	A	B	C	D	E
1		収益率(%)			
2	2016/3/1	0.37		標本数	22
3	2016/3/2	4.03		標本平均	0.20
4	2016/3/3	1.27		母標準偏差	1.20
5	2016/3/4	0.32		標本標準偏差	1.27
6	2016/3/7	-0.61		信頼係数	0.95
7	2016/3/8	-0.76		α	0.05
8	2016/3/9	-0.84		上限（分散既知）	
9	2016/3/10	1.25		下限（分散既知）	
10	2016/3/11	0.51		上限（分散未知）	
11	2016/3/14	1.73		下限（分散未知）	
12	2016/3/15	-0.68			
13	2016/3/16	-0.84			

図 9–2　日経平均株価指数の収益率

■ 平均の信頼区間

図 9–2 は，日経平均株価指数の 2016 年 3 月の日次収益率データ（終値の対数差分を 100 倍した値）です。これを標本として，平均収益率（μ）の信頼区間を求めます。E の列には，標本数 (E2)，信頼係数 (E6)，α(E7) が入力されており，標本平均 (E3) と標本標準偏差 (E5) が計算されています。また，母標準偏差が既知である場合には E4 の値を用います。

まず，分散が既知の場合は，以下のように**第 8 講**で学んだ式を用いることで信頼区間を計算することができます。ここで，第 6 講で学んだ標準正規分布の累積分布関数の逆関数 norm.s.inv を用いていることに注意します。また，$z_{\alpha/2}$ の下付き添え字は $100\left(1-\dfrac{\alpha}{2}\right)$% を表すので，関数の中には $1-\alpha/2$ が入ることにも気を付けましょう。

上限（分散既知）：　=E3+norm.s.inv(1-E7/2)*E4/sqrt(E2)
下限（分散既知）：　=E3−norm.s.inv(1-E7/2)*E4/sqrt(E2)

と入力することで，95% 信頼区間は [−0.298, 0.704] となります。しかしながら，実際に母集団の分散がわかっていることは現実的ではありませんので，実際には分散が未知の場合が使われます。分散が未知の場合は，標本分散および t 分布の累積分布関数の逆関数 t.inv を用いることで以下のように計算をすることができます。

上限（分散未知）：　=E3+t.inv(1-E7/2,E2-1)*E5/sqrt(E2)
下限（分散未知）：　=E3−t.inv(1-E7/2,E2-1)*E5/sqrt(E2)

その結果，95%信頼区間は $[-0.360, 0.766]$ となります。なお，confidence.norm 関数を用いると，これらをより簡潔に計算することができます。括弧の中には，まず α，標準偏差，そして標本数をカンマで区切って入力します。つまり，分散が既知の場合は

上限（分散既知）：　=E3+confidence.norm(E7, E4, E2)
下限（分散既知）：　=E3−confidence.norm(E7, E4, E2)

となり，分散が未知の場合は confidence.t 関数を用いて

上限（分散未知）：　=E3+confidence.t(E7, E5, E2)
下限（分散既知）：　=E3−confidence.t(E7, E5, E2)

と入力すればよいわけです。

なお，分散が未知の場合の平均の信頼区間は，**第 3 講**で用いたデータ分析ツールの「**基本統計量**」でも計算することができます。図 9-3（左図）のように，**基本統計量**のポップ・アップ・ウィンドウで「**平均の信頼度の出力**」にチェックを入れ，信頼係数を指定すると，図 9-3（右図）のように出力結果の最下段に誤差範囲が表示されます。これを最上段の「**平均**」に足した値が信頼区間の上限となり，「**平均**」から引いた値が信頼区間の下限となります。

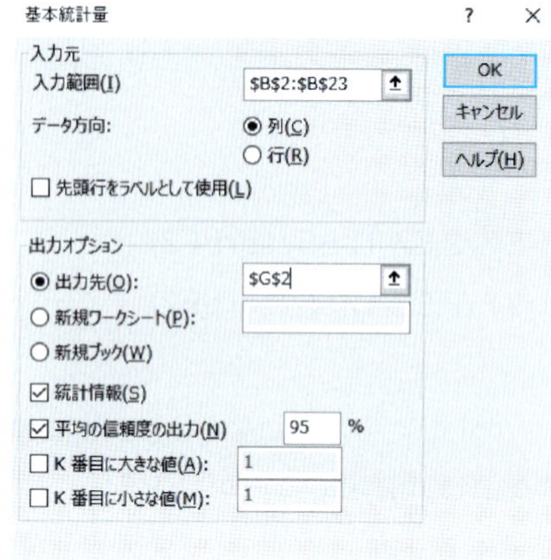

列1	
平均	0.202981414
標準誤差	0.270886627
中央値 （メジアン）	-0.202340709
最頻値 （モード）	#N/A
標準偏差	1.270570906
分散	1.614350426
尖度	2.507062126
歪度	1.392161114
範囲	5.349039922
最小	-1.321699906
最大	4.027340016
合計	4.465591113
データの個数	22
信頼度(95.0%)(95.0%	0.56333958

図 9–3　分析ツールによる信頼区間の計算

■ 割合の信頼区間

図 9–4 には，工場のラインから得た標本数 180 の自動車につき，塗装に不備がなければ 0，不備があれば 1 が入力されています。

E の列には，標本数 (E2)，信頼係数 (E4)，α(E5) が入力されており，標本割合 (E3) が計算されています。母割合の信頼区間は，これらを用いて以下のように計算することができます。

上限：　=E3+norm.s.inv(1-E5/2)*sqrt(E3*(1-E3)/E2)

下限：　=E3−norm.s.inv(1-E5/2)*sqrt(E3*(1-E3)/E2)

その結果，95％信頼区間が [0.065, 0.157] となることを確認してください。また，confidence.norm 関数を用いて

上限：　=E3+confidence.norm(E5, sqrt(E3*(1-E3)), E2)

下限：　=E3−confidence.norm(E5, sqrt(E3*(1-E3)), E2)

と計算することもできます。

	A	B	C	D	E
1	id	塗装不備			
2	1	0		標本数	180
3	2	1		標本割合	0.11
4	3	0		信頼係数	0.95
5	4	0		α	0.05
6	5	0		上限	
7	6	0		下限	
8	7	0			
9	8	1			
10	9	0			
11	10	0			
12	11	0			
13	12	0			

図 9–4　生産ラインにおける塗装状況

■ 分散の信頼区間

最後に，図 9–2 の日経平均株価指数収益率データを用いて，母分散の信頼区間を計算します。

上限：　=(E2-1)*E5^2/chisq.inv(E7/2,E2-1)

下限：　=(E2-1)*E5^2/chisq.inv(1-E7/2,E2-1)

この結果，95%信頼区間は[0.956, 3.297]と計算されます。ここでは，カイ二乗分布の累積分布関数の逆関数 chisq.inv が用いられます。

第 9 講で学んだ平均の差の信頼区間や割合の差の信頼区間についても，同じく Excel の関数機能を用いて求めることができます。

■ Active Learning

《理解度チェック》

□1 「2 つの母集団の平均の差」と「1 つの母集団から得られる 2 変数の平均の差」がどのように異なるか，具体的な例を挙げて説明しなさい。

《調べてみよう》

A 型，B 型，O 型，AB 型といった血液型の割合は，国や民族によって異なることが知られています。例えば日本と韓国のように，人種のよく似た 2 か国で A 型が占める割合と 2 か国の人口をインターネットで調べ，その違いの 95% 信頼区間を求めてみましょう。

《Exercises》

問 1 独立な 2 つの母集団 X と Y から抽出された以下の標本を用いて，平均の差の 95% 信頼区間を求めなさい。なお，(1) では母分散は既知とし，(2) では母分散は未知だが等しいとし，(3) では母分散は未知で異なっているかもしれないとする。

(1) $n_X = 36$, $\bar{X} = 70$, $\sigma_X^2 = 25$, $n_Y = 100$, $\bar{Y} = 60$, $\sigma_Y^2 = 9$

(2) $n_X = 36$, $\bar{X} = 70$, $s_X^2 = 6$, $n_Y = 100$, $\bar{Y} = 60$, $s_Y^2 = 10$

(3) $n_X = 36$, $\bar{X} = 70$, $s_X^2 = 6$, $n_Y = 100$, $\bar{Y} = 60$, $s_Y^2 = 10$

問 2 あるカマボコ工場には 2 つの生産ライン A と B があり，それぞれのラインで 1 日に作られるカマボコの数は，標準偏差がそれぞれ 8.4 と 11.3 の正規分布に従うことがわかっており，2 つの生産ラインの生産数は独立である。いま，生産ライン A の方から無作為に 40 日間を抽出したところ 1 日平均の製造個数は 130 個，生産ライン B の方から無作為に 36 日間を抽出したところ 1 日平均の製造個数は 120 個であった。2 つのカマボコ製造ラインの 1 日平均製造個数の差の 95% 信頼区間を求めなさい。

問 3 コレステロール値を抑制する新薬の効果を分析するため，無作為に 9 人を選び（処置群と呼ぶ）一定期間投与したところ，数値低下分の標本平均は 9.82 で標準標準偏差は 12.33 であった。また，それとは独立に選ばれた 12 人（対照群と呼ぶ）に偽の薬を同じ期間投与したところ，数値低下分の平均は 3.22 で標本標準偏差は 18.01 あった。処置群と対照群の平均の差の 95%信頼区間を求めなさい。なお，それぞれの群で，数値の低下分は独立な正規分布に従う。

問 4　独立なベルヌーイ分布に従う 2 つの母集団 X と Y から抽出された以下の標本を用いて，割合の差の 95%信頼区間を求めなさい。なお，X と Y は独立であるとする。

（1）$n_X = 300$，$\hat{p}_X = 0.37$，$n_Y = 380$，$\hat{p}_Y = 0.40$

（2）$n_X = 200$，$\hat{p}_X = 0.49$，$n_Y = 220$，$\hat{p}_Y = 0.52$

（3）$n_X = 622$，$\hat{p}_X = 0.05$，$n_Y = 488$，$\hat{p}_Y = 0.08$

問 5　日本と韓国の大学生の生活の違いを調べるため，両国から学生をそれぞれ 360 人，220 人抽出した。その中で，アルバイトをしている学生は 218 人，98 人であった。両国の大学生のうちアルバイトをする割合の差につき，95%信頼区間を求めなさい。なお，各学生がアルバイトをするか否かはベルヌーイ分布に従う確率変数であり，日本と韓国では独立であると仮定する。

（解答は，本書サポートページを参照。）

第10講
仮説検定（1）

■仮説検定は，標本から得た情報を用いてパラメータに立てた仮説を検証する手法で，推定とともに推測統計の2つの柱となっています。仮説検定は現実の問題に対して明快な結果を導くため，実際に多くの場面で用いられています。

10.1 仮説検定の手順

仮説検定は，パラメータに立てた仮説を標本から計算される統計量を用いて検証する手法です。次の例を考えてみましょう。

例：料理油を製造する工場で1瓶に1650gの油を詰めていく機械を導入しました。その機械が正確に作動しているか，100本の標本を用いて検証します。

仮説検定は，このような問題に対して，非常に明快な結論を導きます。あらゆる仮説検定は以下の手順を踏みますので，それに従い具体的な方法を説明します。

●POINT10–1　仮説検定の手順

1. 仮説を立てる
2. 有意水準を決定する
3. 検定統計量を計算する
4. 結論を導く

手順1 仮説を立てる

仮説検定の最初の手順は，パラメータに対して仮説を立てることです。仮説には，**帰無仮説**（H_0）とそれに含まれない**対立仮説**（H_1）の2種類があります。後に詳しく説明するように，仮説検定では帰無仮説が棄却されるか否かをもって結論とするので，主張したいことを対立仮説に置くとよいでしょう。

この例では，平均がμの母集団から製造された料理油を標本として抽出すると考えます。すると，母集団の平均が1650gに等しい，つまり帰無仮説を

$$H_0：\mu = 1650$$

とし，対立仮説を

$$H_1：\mu \neq 1650$$

とします。また，このように「≠」を対立仮説にする場合を**両側検定**と呼びます。

一方，対立仮説に不等号「<」や「>」を用いる場合を**片側検定**と呼び，例えば帰無仮説と対立仮説は次のようになります。

$$H_0：\mu \geq 1650$$

$$H_1：\mu < 1650$$

手順2 有意水準を決定する

有意水準とは，帰無仮説が正しいのにも関わらず帰無仮説を棄却してしまう確率で，平たく言えば，「間違える確率」のことです。これは信頼区間を求める際のαと同じ概念で，通常は0.01，0.05，0.10など比較的ゼロに近い小さな値を用います。なお，例えば$\alpha = 0.05$を「有意水準5%」ともいいます。

手順3 検定統計量を計算する

標本を用いて，**検定統計量**を計算します。検定統計量は，帰無仮説が正しいときに（これを「帰無仮説の下での」ということもあります），その抽出分布が知られている統計量である必要があります。このために，抽出分布の導出に必要な統計的仮定が実際に妥当であるかを検討する必要があります。

第7講で推定量を考えたときと同様に，母平均に対する仮説では標本平均，母割合についての仮説検定では標本割合，母分散に対する仮説に対しては標本分散，に基づいた検定統計量を用います。

手順4 結論を導く

標本から計算された検定統計量に基づき，帰無仮説を棄却するか否かを決定します。このように仮説検定の結論を導く際には，次の2つの方法が用いられます。

[1] 棄却域に基づく手法

図10–1のように，帰無仮説の下での検定統計量の抽出分布を描き，実現する確率が有意水準αよりも小さい外れ値の集合を**棄却域**と定めます。実際に計算された検定統計量の値がその棄却域に含まれていれば帰無仮説を棄却し，含まれていなければ帰無仮説を棄却しないと結論します。

[2] p値に基づく手法

図10–2のように，帰無仮説の下での検定統計量の抽出分布を描き，標本での検定統計量の実現値の位置を定めます。その実現値と同等かそれよりも外れ値になる確率を**p値**と呼びます。p値がαより小さければ帰無仮説を棄却し，そうでなければ帰無仮説を棄却しないと結論します。

棄却域を用いてもp値を用いても，帰無仮説を棄却するかしないかについては同じ結論が得られます。しかしながら，棄却域を用いた結論では，棄却されるか否かの択一の結果のみが得られるのに対し，p値を用いた結論では，どのくらいの強さで帰無仮説が棄却されるか，例えばp値が0.09であれば有意水準が0.05では棄却されないが，有意水準が0.10では棄却される，といったように，より詳しい情報を得ることができます。

●POINT10-2　仮説検定の結論

（1）検定統計量の実現値が棄却域に入れば，帰無仮説を棄却する。

（2）p値が有意水準αよりも小さければ，帰無仮説を棄却する。

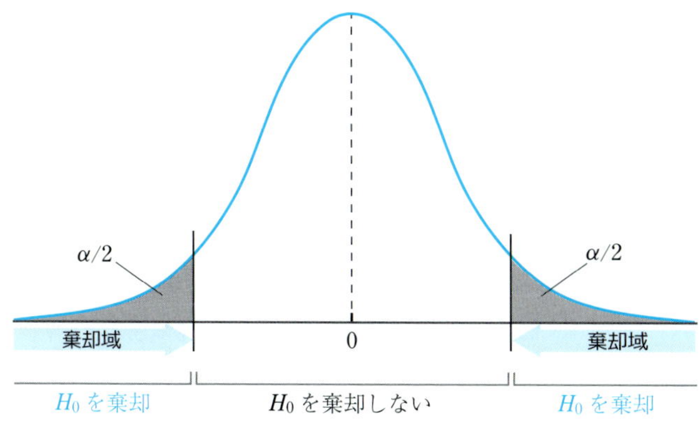

図 10–1　棄 却 域

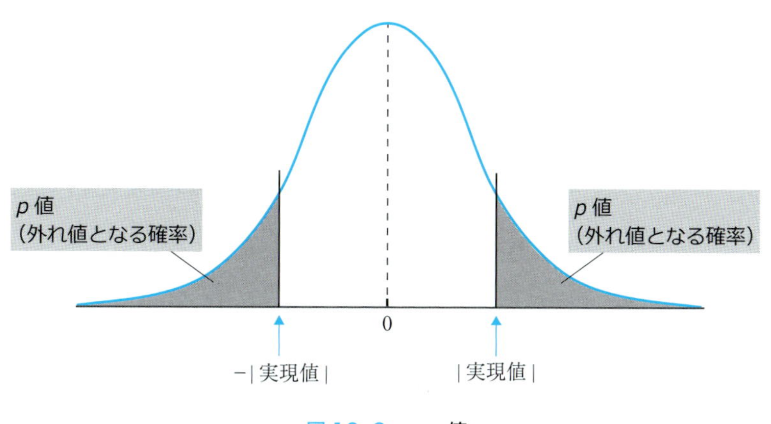

図 10–2　*p*　値

10.2　平均の仮説検定（両側）

それでは，例を用いて実際に母平均の仮説検定を行ってみます。まず，両側仮説を考えます。

手順 1　帰無仮説は

$$H_0: \mu = 1650$$

であり，対立仮説は

$$H_1: \mu \neq 1650$$

です。

手順 2　有意水準は，$\alpha = 0.05$ に設定します。

手順 3 と **手順 4** は，母分散が既知であるという仮定 8–2 が妥当であるか否かで場合を分けて説明します。なお，仮定 8–1 はどちらの場合でも成り立つとします。

[1]　母分散が既知の場合

手順 3　母分散が既知であれば，標本平均を標準化した次の z を検定統計量とします。

$$z = \frac{\bar{X} - 1650}{\sigma/\sqrt{n}}$$

z は帰無仮説の下で標準正規分布に従いますので，z 検定統計量と呼ばれ，本書では小文字のアルファベット z で表します。

例：$n = 100$ の標本から計算された料理油の標本平均 $\bar{X}$ が 1470g であり，$\sigma = 1000$ は既知とすると，検定統計量は

$$z = \frac{1470 - 1650}{\frac{1000}{\sqrt{100}}} = -1.80$$

となります。

手順 4　棄却域を用いて結論する場合，棄却域は，図 10–3 のように標準正規分布の $100\left(1 - \frac{\alpha}{2}\right)$%分位点 $z_{\alpha/2}$ を用いて

$$z \leq -z_{\alpha/2} \quad \text{および} \quad z \geq z_{\alpha/2}$$

となります。

この例では $\alpha = 0.05$ ですので，$z_{0.025} = 1.96$ から（=norm.s.inv(0.975)）

$$z \leq -1.96 \quad \text{および} \quad z \geq 1.96$$

となります。

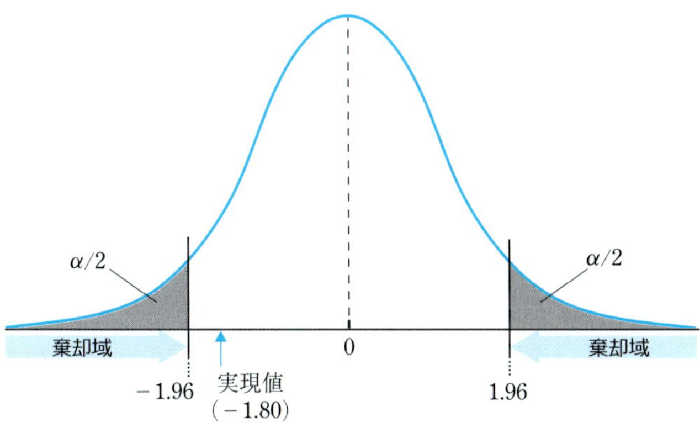

図 10–3　**棄却域（両側）**

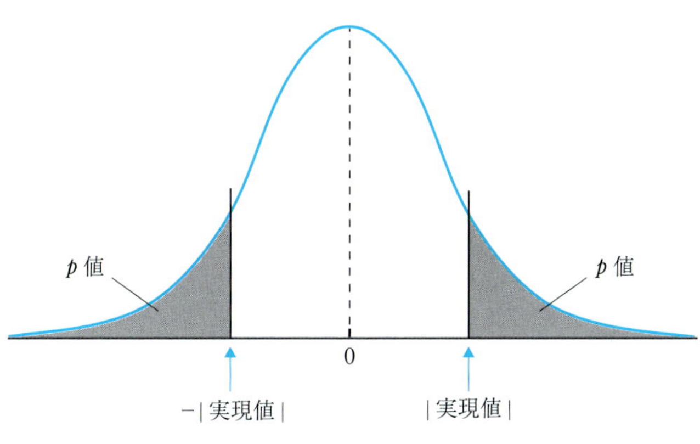

図 10–4　**p 値（両側）**

例：上で求められた検定統計量 $z = -1.80$ は棄却域に含まれないため，帰無仮説は有意水準 5%で棄却されません。

p 値を用いて結論する場合，p 値は図 10–4 の灰色部分の面積で表されます。実際にこのような図を描いてみて，p 値の部分を視覚化してみて下さい。具体的には，標準正規分布に従う確率変数 Z（大文字のアルファベットで表します）を用いて，以下のように求められます。

$$p\text{ 値} = P(Z \leq -|z|) + P(Z \geq |z|)$$

検定統計量 z に絶対値（| |）が付いているのは，正の値であっても負の値であっても，右辺の第 1 項目で左側の裾を，第 2 項目で右側の裾を計算することができるようにしているからです

例：この例では

$$p\text{ 値} = P(Z \leq -|1.80|) + P(Z \geq |1.80|) = 0.07$$

となります（=2*norm.s.dist(-1.80,1)）。p 値が有意水準 $\alpha = 0.05$ よりも大きいため，帰無仮説は棄却されません。このように，棄却域を用いた結論と p 値を用いた結論は同じになります。

[2]　母分散が未知の場合

手順 3　仮定 8–2 のない場合，検定統計量は母標準偏差 σ を標本標準偏差 s で置き換えた

$$t = \frac{\bar{X} - 1650}{\frac{s}{\sqrt{n}}}$$

を用います。帰無仮説の下では，この検定統計量は自由度 $n-1$ の t 分布に従いますので，t 検定統計量と呼ばれ，本書では小文字のアルファベット t（下付き添え字なし）で表します。

例：標本から得られた標本標準偏差が $s = 860$ だとすると，t 検定統計量は

$$t = \frac{1470 - 1650}{\frac{860}{\sqrt{100}}} = -2.09$$

となります。

手順 4　棄却域は，自由度 $n-1$ の t 分布の $100(1-\alpha/2)\%$ 分位点 $t_{n-1,\alpha/2}$ を用いて

$$t \leq -t_{n-1,\alpha/2} \quad\text{および}\quad t \geq t_{n-1,\alpha/2}$$

となります。この例では $t_{99,\,0.025} = 1.918$ ですから（=t.inv(0.975,99)）

$$t \leq -1.98 \quad および \quad t \geq 1.98$$

ですので，上で求めた$t=-2.09$は棄却域に含まれることから，帰無仮説は有意水準5%で棄却されます。

p値は，自由度99のt分布に従う確率変数t_{99}（この場合は関連でアルファベットの小文字tを用います。自由度のみが下付き添え字になっていることで分位点とは異なります）を用いて

$$\begin{aligned} p\text{値} &= P(t_{99} \leq -|-2.09|) + P(t_{99} \geq |-2.09|) \\ &= 0.04 \end{aligned}$$

となり（=2*t.dist(-2.09,99,1)），有意水準よりも小さい値となりますので，棄却域の結論と同じく，帰無仮説は有意水準5%で棄却されることがわかります。

10.3 平均の仮説検定（片側）

瓶に詰められた油の量が表示されている量である1650gを上回る場合には，消費者からのクレームは来ないと考えられます。しかしながら，両側検定では表示量より多いのか少ないのかについては，結論をすることができません。本節では，表示量を下回る場合のみに関心がある片側検定を考えます。

ここでは，簡略化のために母集団の分散が未知である場合のみを説明しますが，母集団が既知の場合は，両側検定でみたように，以下のsをσに置き換えて，z検定統計量を用いることで結論を導きます。

手順1　第1節でみたように，帰無仮説は

$$H_0 : \mu \geq 1650$$

であり，対立仮説は

$$H_1 : \mu < 1650$$

です。

手順2 と **手順3** は，両側検定と同様です。

手順4　棄却域は抽出分布の片側だけに設定します。これは次の理由によります。帰無仮説が等号で正しい場合($\mu=1650$)だけでなく不等号で正

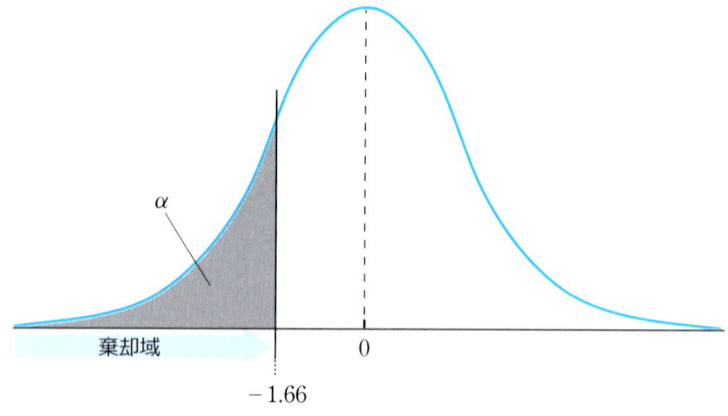

図 10–5　**棄却域（片側）**

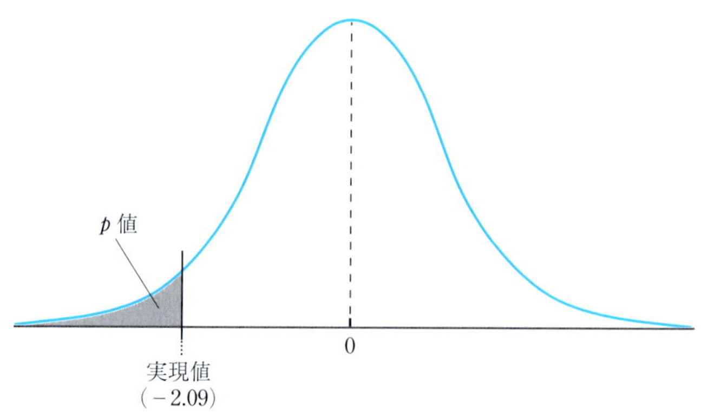

図 10–6　**p 値（片側）**

しい場合($\mu > 1650$)には，t 検定統計量の分子において，パラメータの真の値よりも小さい値を引いていることになります。よって，帰無仮説の下で検定統計量の分布は右に（正の方向に）移動しているため，右裾は棄却域に含まれません。従って，図 10–5 のように t 分布の左側の裾 α 部分

$$t \leq t_{n-1,1-\alpha}$$

を棄却域とします。なお，両側検定では左裾 $\alpha/2$ を棄却域としていましたが，片側検定では α となっていることに注意してください。

この例では $t_{99,\,0.95} = -1.66$ ですので（=t.inv(0.05,99)），棄却域は $t \leq -1.66$ となり，$t = -2.09$ は棄却に含まれます。したがって，帰無仮説は棄却されます。

p 値を求める際にも，帰無仮説に含まれる側は p 値に含まれる外れ値とは考えませんので，抽出分布の片側のみを用います。この例では，図 10–6 に表すように，自由度 99 の t 分布の左側の裾のみを用いて

$$p\text{ 値} = P(t_{99} \leq -2.09)$$
$$= 0.02$$

となります（=t.dist(-2.09,99,1)）。p 値が有意水準 $\alpha = 0.05$ より小さな値をとりますので，棄却域を用いた場合と同様に，帰無仮説は棄却されます。

10.4 仮説検定における重要な概念

以上のように，仮説検定の結論は確率的なものですので，得られた結論が誤っている可能性はゼロではありません。ここでは，仮説検定を行う際に，分析者が直面する確率的な誤りについて説明します。

■ 帰無仮説が正しい時の誤り

帰無仮説が正しい場合には，次のような誤りがあります。帰無仮説が正しい下では検定統計量は帰無仮説の分布に従いますが，有意水準 α の確率で検定統計量の実現値が棄却域に入ってしまいます。そのため，正しい帰無仮説を誤って棄却することがあり，これを**第 1 種の過誤**と呼びます。また，第 1 種の過誤を起こす確率を，**検定のサイズ**と呼びます。

■ 対立仮説が正しい時の誤り

対立仮説が正しい場合に，誤って帰無仮説を棄却できないことを**第 2 種の過誤**と呼びます。また，対立仮説が正しいときに検定統計量が正しく棄却する確率を，**検定の棄却力（パワー）**と呼びます。

具体的には，第 2 種の過誤が起こるのは次の 2 つの理由があります。1 つは，パラメータの真の値が帰無仮説の値に非常に近い場合です。例えば，帰

無仮説が 0 である検定を行う場合に真の値が 0.0001 である場合には，帰無仮説の下での検定統計量の確率分布と実際の検定統計量の確率分布が非常に似たものとなり，帰無仮説が棄却されにくくなります。

もう 1 つの理由は，標本数が小さいか，あるいは母分散が大きい場合です。この場合は，検定統計量の分母である標準誤差が大きくなりますので，帰無仮説の下での検定統計量の分布と実際の分布の見分けがつきにくくなり，帰無仮説が棄却されにくくなります。

このように，仮説検定では帰無仮説が正しい場合でも対立仮説が正しい場合でも，結論を誤ることがあります。その中でも，最後に説明をしたように標本数が小さいがゆえに帰無仮説を棄却できないことは多くの場面で起こりますので，標本数が小さいデータを用いて仮説検定を行う際には，注意が必要です。

■ Active Learning

《理解度チェック》

□1　仮説検定の手順につき，手順 1 から手順 4 までを簡潔に述べなさい。

□2　両側検定と片側検定の違いを説明しなさい。

□3　有意水準が大きくなると，棄却域はどうなるか，母平均の検定の例を用いて説明しなさい。

□4　両側検定の場合，母平均の信頼区間に帰無仮説の値が含まれていれば帰無仮説は棄却されないことになる。第 2 節の例を用い，$n=100$ の標本で標本平均 $\bar{X}=1470$ であった場合に，$\sigma=1000$ として 95%信頼区間を求め，その信頼区間が母平均 1650 を含むことを確認しなさい。

《考えてみよう》

p 値は，仮説検定の鍵を握る大切な概念です。自分の身近な人で統計学を学んだことのない人に，できる限りわかりやすく説明するにはどのようにしたらよいでしょうか。理解を整理して，試してみてください。

《Exercises》

問 1　平均が μ，分散が未知の正規分布に従う母集団から，$n=25$ の標本を抽出し，有意水準 $\alpha=0.05$ を用いて

$$H_0 : \mu = 100$$
$$H_1 : \mu \neq 100$$

についての仮説検定を行いたい。

(1) t 検定統計量を用いる場合の棄却域を求めなさい。

(2) 標本を抽出したところ，$\bar{X}=106$，$s=15$ を得た。t 検定統計量を計算し，(1) で回答した棄却域を用いて結論を述べなさい。

(3) t 検定統計量の帰無仮説の下での確率密度関数を描き，その中に p 値をわかりやすく図示しなさい。

問 2　問 1 と同じ母集団からの同じ標本を用いて，

$$H_0 : \mu \leq 100$$
$$H_1 : \mu > 100$$

についての仮説検定を有意水準 $\alpha=0.05$ で行いたい。

(1) t 検定統計量を用いる場合の棄却域を求めなさい。

(2) t 検定統計量を計算し，(1) で回答した棄却域を用いて結論を述べなさい。

(3) t 検定統計量の帰無仮説の下での確率密度関数を描き，その中に p 値をわかりやすく図示しなさい。

問 3　あるレストランにおける顧客の満足度調査を，1（大変不満），2（不満），3（どちらでもない），4（満足），5（大変満足）の 5 段階で行ったところ，120 人からの回答があり，標本平均が 4.3，標本標準偏差は 0.7 であった。満足度の母集団の平均が 4.0 を上回るかを，有意水準 5%の仮説検定を用いて検証しなさい。なお，母集団は正規分布でないことが仮説検定の結果にどのように影響するかを簡単に述べなさい。

問 4　平均が μ，分散が $\sigma^2 = 400$（既知）の正規分布に従う母集団において，仮説検定

$$H_0 : \mu \geq 60$$

$$H_1 : \mu < 60$$

を行うために標本を抽出したところ，標本平均は $\bar{X} = 55$ であった。標本数が以下の場合の p 値を求めなさい。

（1）$n = 20$

（2）$n = 50$

（3）$n = 100$

問 5　平均が μ，分散が未知の正規分布に従う母集団において，仮説検定

$$H_0 : \mu = 0$$

$$H_1 : \mu \neq 0$$

を行うために $n = 36$ の標本を抽出したところ，標本平均は $\bar{X} = 55$ であった。標本標準偏差が以下の場合の p 値を求めなさい。

（1）$s = 50$

（2）$s = 20$

（3）$s = 12$

問 6　あるノートパソコンのバッテリーの消耗時間は 12 時間であると言われている。いま，9 台を標本として抽出したところ，次のような結果となった。

11.8，13.2，12.2，11.0，13.0，12.1，11.7，12.3，12.9　（時間）

この標本を用いて，バッテリーの消耗時間が 12 時間であるという両側検定を有意水準 5%で行いなさい。なお，バッテリーの消耗時間は正規分布に従うと仮定しなさい。

(解答は，本書サポートページを参照。)

第11講
仮説検定(2)

■仮説検定は，平均だけではなく割合や分散といったパラメータに対しても行うことができます。また，2つの母集団の平均，割合，分散を比べる際にも用いることができます。本講では，様々な仮説検定のうち基本的で特に実用性の高いものを紹介します。

11.1 割合の仮説検定

本節では，0か1の二択の値をとるベルヌーイ分布の母割合についての仮説検定を行います。次の例を考えてみましょう。

例：表11–1で得られた東京—ロンドン便の国際線の食事データを用いて，和食を選ぶ搭乗客の割合が0.5であるかを有意水準5%で検定します。

■両側検定

第10講で説明した仮説検定の手順に従い，まず母割合に対する帰無仮説と対立仮説を設定します。この例では，両側仮説

$$H_0 : p = 0.5$$

$$H_1 : p \neq 0.5$$

を考えます。検定統計量は，標本割合を標準化した

$$z = \frac{\hat{p} - 0.5}{\sqrt{0.5 \times (1 - 0.5)/n}}$$

表 11-1　国際便での食事データ（表 9-2 再掲）

	東京—ロンドン	東京—ニューヨーク
和　食	135	168
洋　食	165	182
総　数	300	350

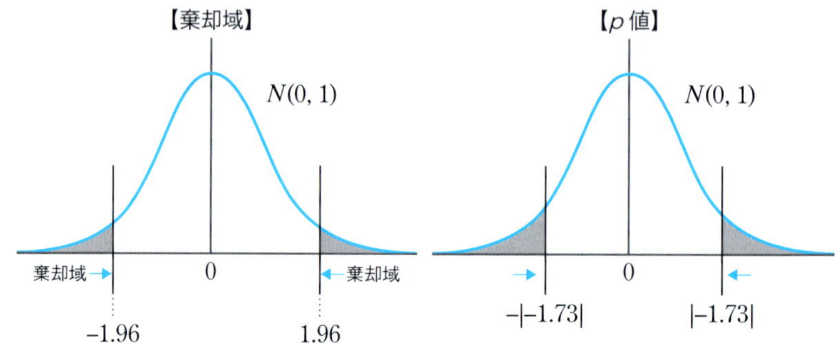

図 11-1　割合の検定（両側）の棄却域と p 値

を用います。**第 7 講**で学んだように，この検定統計量は標本数が充分に大きければ，帰無仮説の下で標準正規分布に従います。

表 11-1 をみると，東京—ロンドン便の搭乗客 300 人の中で和食を選んだ人は 135 人でしたので，$n=300$，標本割合は $\hat{p}=\frac{135}{300}=0.45$ となります。よって，検定統計量は

$$z=\frac{0.45-0.5}{\sqrt{0.5(1-0.5)/300}}=-1.73$$

となります。

棄却域は図 11-1（左図）のように標準正規分布の両側の裾のそれぞれ $\alpha/2$ の部分

$$z \leq -1.96 \text{ および } z \geq 1.96$$

です（=norm.s.inv(0.025) と=norm.s.inv(0.975)）。この例では，上で求めた検定統計量 −1.73 は棄却域に含まれませんので，帰無仮説は有意水準 5%で棄却されません。つまり，東京—ロンドン便では 2 種類の食事を注文する人の割合は異ならないと結論されます。

p 値は図 11-1（右図）の灰色で示される部分になり，具体的には

$$\begin{aligned} p\text{ 値} &= P\left(Z \leq -|-1.73|\right) + P(Z \geq |-1.73|) \\ &= 0.08 \end{aligned}$$

となります（=2*norm.s.dist(-1.73,1)）。このように，p 値が有意水準 5%より大きな値をとりますので，棄却域を用いた場合と同様に，帰無仮説は棄却されないと結論されます。

■片側検定

和食を選ぶ確率が 50%を下回るかに関心がある場合は，$p < 0.5$ を対立仮説とする片側検定

$$H_0 : p \geq 0.5$$
$$H_1 : p < 0.5$$

を考えます。**第 10 講**で述べたように，検定統計量の棄却域は，標準正規分布の左側の裾 α 部分だけとなり，p 値も同様に標準正規分布の左側の裾のみを用いて求めます。上の例では，棄却域は

$$z \leq -1.64$$

となり（=norm.s.inv(0.05)），帰無仮説は有意水準 5%で棄却されます。また，p 値を求めると

$$p\text{ 値} = P(Z \leq -1.73) = 0.04$$

となる（=norm.s.dist(-1.73,1)）ので，棄却域を用いた場合と同様に帰無仮説は棄却され，和食を選ぶ人の割合は 50%を下回ると結論されます。

11.2 分散の仮説検定

本節では，平均がμ，分散がσ^2の正規分布に従う母集団（仮定 8–1）に話を戻し，母分散σ^2についての仮説検定を紹介します。次の例をみてみましょう。

例：投資家が収益率の平均や分散を調整するために選んだ資産の組み合わせを投資ポートフォリオと呼びます。ある投資会社では，保有する投資ポートフォリオの日毎の収益率の分散を 2 にする必要があります。いま，標本として 50 日分の収益率を抽出したところ，収益率の標本分散は$s^2=2.8$となった。$\sigma^2=2$であるか否かを，有意水準 5%で検定します。

■ 両側検定

この仮説検定の帰無仮説は

$$H_0 : \sigma^2 = 2$$

となり，対立仮説は

$$H_1 : \sigma^2 \neq 2$$

となります。

検定統計量は，標本分散を以下のように標準化した統計量

$$\chi^2 = \frac{(n-1)s^2}{2}$$

を用います。この検定統計量は**第 6 講**で学んだように，帰無仮説が正しければ自由度$n-1$のカイ二乗分布に従います。このような検定統計量を，**カイ二乗検定統計量**と呼び，ギリシア文字のカイを用いてχ^2で表します（下付き添え字がありません）。この例では

$$\chi^2 = \frac{49 \times 2.8}{2} = 68.6$$

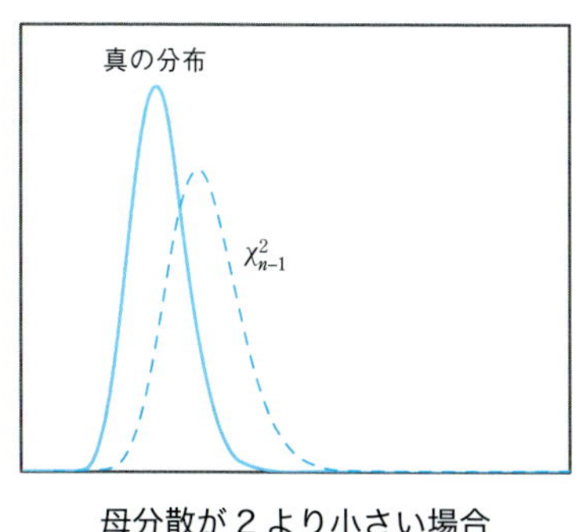

母分散が 2 より小さい場合

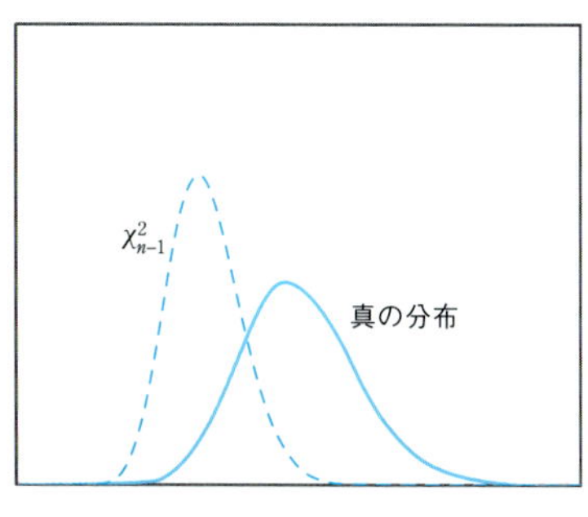

母分散が 2 より大きい場合

図 11–2　分散の検定統計量

となります。

ここで，対立仮説が正しい場合の検定統計量の抽出分布を考えます。まず，真の分散 σ^2 が帰無仮説の値 2 よりも小さい場合，検定統計量を計算する際には真の値（σ^2）よりも大きい値（2）で除していることになりますので，検定統計量の真の分布は，自由度 $n-1$ のカイ二乗分布よりも左側に乖離します。これを図 11–2（左図）で表しています。

逆に，真の分散 σ^2 が仮説の値 2 よりも大きい場合，検定統計量は真の値（σ^2）よりも小さい値（2）で除していることになり，検定統計量の真の分布は，自由度 $n-1$ のカイ二乗分布よりも右側に乖離します。これを，図 11–2（右図）で表しています。

つまり，分散の検定においても棄却域を求める際には，平均や割合の検定と同じように，検定統計量の抽出分布の裾で捉えればよいわけです。具体的に両側検定を行う場合は，両側の裾の $\frac{\alpha}{2}$ 部分が棄却域となります。片側検定を行う場合は，対立仮説が $H_1 : \sigma^2 < 2$ のときは，左側の裾 α 部分，対立仮説が $H_1 : \sigma^2 > 2$ のときは，右側の裾 α 部分が棄却域になります。

したがって，両側検定の棄却域は図 11–3（左図）のように

$$\chi^2 \leq \chi^2_{n-1,1-\alpha/2} \text{ および } \chi^2 \geq \chi^2_{n-1,\alpha/2}$$

となります。この例では，$\chi^2_{49,\ 0.975}$ と $\chi^2_{49,\ 0.025}$ を求めることで

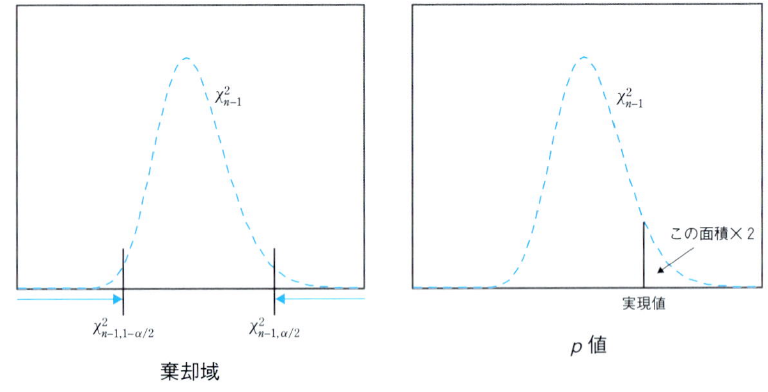

図 11-3　分散の検定の棄却域と p 値（両側検定）

$$\chi^2 \leq 31.55 \text{ および } \chi^2 \geq 70.22$$

となります（=chisq.inv(0.025,49) および =chisq.inv(0.975,49)）。検定統計量 68.6 は棄却域に入っていませんので，帰無仮説は棄却されず，有意水準 5% で収益率の分散は 2 と異なるとはいえない，と結論されます。

p 値を求める際には，検定統計量が 68.6 と同等かそれよりも外れ値になる確率を求めます。これは，自由度 49 のカイ二乗分布に従う確率変数を自由度だけが下付き添え字になっている χ^2_{49} と表すと，図 11-3（右図）のように

$$p \text{ 値} = 2 \times P(\chi^2_{49} \geq 68.6)$$
$$= 0.067$$

となります（=2*(1-chisq.dist(68.6,49,1))）。カイ二乗検定の分布は左右対称ではありませんので，このように両側検定の p 値を求める際には，両側それぞれの裾の確率のうち小さい方を 2 倍したものとなります。この例では，p 値は有意水準 $\alpha = 0.05$ より大きいので帰無仮説は棄却されません。

■片側検定

次のような片側検定

$$H_0 : \sigma^2 \leq 2 \quad H_1 : \sigma^2 > 2$$

を行う場合には，棄却域は

$$\chi^2 \geq \chi^2_{49,\ 0.05} = 66.34$$

となり（=chisq.inv(0.95,49)），検定統計量 68.6 は棄却域に含まれますので，有意水準 5%で帰無仮説は棄却され，この投資ポートフォリオの収益率の分散は有意に 2 より大きいことになります。また，p 値は

$$p\text{ 値} = P(\chi^2_{49} \geq 68.6)$$
$$= 0.034$$

となり（=1-chisq.dist(68.6,49,1)），棄却域を用いた場合と同様の結論となります。

11.3 平均の差の仮説検定

本節では，2 つの独立な正規分布に従う母集団 X と Y の母平均の差についての仮説検定を紹介します。次の例をみてみましょう。

例：表 11-2 の男子学生 10 人と女子学生 7 人の試験の点数を用いて，それぞれの母集団の平均が異なるか否かを有意水準 5%で検定します。

表 11-2　**期末試験の得点（表 9-1 再掲）**

	男子学生	女子学生
	76	89
	85	94
	43	68
	96	80
	66	68
	88	96
	57	58
	90	
	77	
	62	
標準平均	74	79

ここでは両側検定を考えます。平均の差の検定の帰無仮説は

$$H_0 : \mu_X - \mu_Y = 0$$

で，対立仮説は

$$H_1 : \mu_X - \mu_Y \neq 0$$

となります。

検定統計量は，標本平均の差の抽出分布を用いますので，**第 9 講**で説明したように，分散が既知の場合と未知の場合とに分けて説明します。

[1]　母分散が既知の場合

第 9 講で平均の差の信頼区間を学んだように，標本平均の差を以下のように標準化した統計量

$$z = \frac{(\bar{X} - \bar{Y}) - 0}{\sqrt{\dfrac{\sigma_X^2}{n_X} + \dfrac{\sigma_Y^2}{n_Y}}}$$

は，帰無仮説が正しければ標準正規分布に従います。これを検定統計量として用いると，棄却域と p 値は**第 10 講**で平均の検定を行ったときと同様に求められます。まず，棄却域は

$$z \leq -z_{\alpha/2} \text{ および } z \geq z_{\alpha/2}$$

となります。p 値は

$$p \text{ 値} = P(Z \leq -|z|) + P(Z \geq |z|)$$

と求められます。

[2]　母分散が未知の場合

① 2 つの母集団の分散が等しいことがわかっている場合

2 つの母集団を用いて推定した標本分散

$$s^2 = \frac{(n_X - 1)s_X^2 + (n_Y - 1)s_Y^2}{n_X + n_Y - 2}$$

を用いて，次のように標準化した t 検定統計量

$$t = \frac{(\bar{X} - \bar{Y}) - 0}{\sqrt{\dfrac{s^2}{n_X} + \dfrac{s^2}{n_Y}}}$$

は，帰無仮説の下で自由度 $n_X + n_Y - 2$ の t 分布に従います。

② 2つの母集団の分散が異なっているかもしれない場合

2つの母集団の標本分散 s_X^2 および s_Y^2 を用いて計算した

$$t = \frac{(\bar{X} - \bar{Y}) - 0}{\sqrt{\dfrac{s_X^2}{n_X} + \dfrac{s_Y^2}{n_Y}}}$$

を検定統計量として用います。この検定統計量は，帰無仮説の下で第9講で説明したように，自由度

$$\nu = \frac{\left(\dfrac{s_X^2}{n_X} + \dfrac{s_Y^2}{n_Y}\right)^2}{\dfrac{(s_X^2/n_X)^2}{n_X - 1} + \dfrac{(s_Y^2/n_Y)^2}{n_Y - 1}}$$

の t 分布に従います。この検定は，**ウェルチの検定**とも呼ばれています。

実際には，2つの母集団の分散が等しい場合でも②の検定統計量は有効ですので，②のみを行っても構いません。

例の解答：ウェルチの検定を用います。t 検定統計量は

$$t = \frac{74 - 79}{\sqrt{58.99}} = -0.65$$

となります。自由度として**第9講**第1節の例で求めた $\nu = 14.10$ を用いると，有意水準5%の棄却域は

$$t \leq -2.14 \text{ および } t \geq 2.14$$

ですので（=t.inv(0.025,14.10) および =t.inv(0.975,14.10)），検定統計量 -0.65

は棄却域に含まれず，有意水準 5％で帰無仮説は棄却されません。つまり，男女間の平均点に有意な差はないと結論されます。また，p 値は

$$p\text{値} = P(t_{14.10} \leq -|-0.65|) + P(t_{14.10} \geq |-0.65|) = 0.53$$

となり（＝2*t.dist(-0.65,14.10,1)），棄却域を用いた場合と同じく，有意水準 5％で帰無仮説は棄却されません。

11.4 割合の差の仮説検定

前節で紹介した平均の差の検定は，0 か 1 の二択の値をとるベルヌーイ分布に従う 2 つの独立な母集団 X および Y の母割合の差の仮説検定に応用することができます。本節では，次のような片側検定を例にとって考えましょう。

例：表 11–2 の東京―ロンドン便と東京―ニューヨーク便で，和食を選ぶ搭乗客の割合が異なるかを，有意水準 5％で検定する。

この場合の帰無仮説は

$$H_0 : p_X - p_Y = 0$$

で対立仮説は

$$H_1 : p_X - p_Y \neq 0$$

となります。

第 9 講でみたように，次の統計量

$$z = \frac{\hat{p}_X - \hat{p}_Y - 0}{\sqrt{\dfrac{\hat{p}_X(1-\hat{p}_X)}{n_X} + \dfrac{\hat{p}_Y(1-\hat{p}_Y)}{n_Y}}}$$

は，標本数が充分に大きければ，帰無仮説の下で標準正規分布に従いますので，これを z 検定統計量として用います。棄却域および p 値は，本講第 1 節で 1 つの母集団の割合を両側検定した場合と同様に求められます。

なお，この例では帰無仮説の下で 2 つの割合が等しいことを検定していますので，帰無仮説の下では $p_X = p_Y = p_0$ とすると，$\hat{p}_X$ と $\hat{p}_Y$ を次の一つの推

定値

$$\hat{p}_0 = \frac{n_X\hat{p}_X + n_Y\hat{p}_Y}{n_X + n_Y}$$

で置き換えることもあります。また，片側検定を行う際には，本講第1節で1つの母集団の割合を片側検定した場合と同様に棄却域と p 値を求めます。

例の解答：検定統計量は

$$z = \frac{0.45 - 0.48}{\sqrt{\frac{0.45(1-0.45)}{300} + \frac{0.48(1-0.48)}{350}}} = -0.76$$

となります。$\hat{p}_X$ と $\hat{p}_Y$ を次の一つの推定値 $\hat{p}_0$ で置き換える方法を用いると

$$\hat{p}_0 = \frac{300 \times 0.45 + 350 \times 0.48}{300 + 350} = 0.47$$

となりますので，検定統計量は

$$z = \frac{0.45 - 0.48}{\sqrt{\frac{0.47(1-0.47)}{300} + \frac{0.47(1-0.47)}{350}}} = -0.76$$

とほぼ同じ値となります。有意水準5%の棄却域は

$$z \leq -1.96 \text{ および } z \geq 1.96$$

です（=norm.s.inv(0.025) および =norm.s.inv(0.975)）。検定統計量が棄却域に含まれないため，帰無仮説は棄却されません。よって，東京―ロンドン便と東京―ニューヨーク便とで，和食を選ぶ搭乗客の割合が異なる，とはいえないことになります。また，p 値は

$$p\text{値} = P(Z \leq -|-0.76|) + P(Z \geq |-0.76|) = 0.45$$

となり（=2*norm.s.dist(-0.76,1)），有意水準より大きいため，棄却域を用いた場合と同じように帰無仮説は棄却されません。

11.5 分散の比の仮説検定

本節では，独立な母集団 X および Y の母分散を比較する仮説検定を紹介します。分散を比較する場合は，その比が1と異なるかを検定します。

例：投資ポートフォリオ X の収益率と投資ポートフォリオ Y の収益率につき，分散が等しいか否かを有意水準5%で検定します。いま，X の収益率につき50日分のデータを用いたところ，標本分散は $s_X^2=2.4$ で，投資ポートフォリオ Y の収益率につき25日分のデータを用いたところ，標本分散は $s_Y^2=1.6$ でした。

この例は両側検定ですので，帰無仮説は

$$H_0: \sigma_X^2/\sigma_Y^2 = 1$$

で，対立仮説は

$$H_1: \sigma_X^2/\sigma_Y^2 \neq 1$$

となります。検定統計量は，2つの標本分散を標準化した比

$$F = \frac{s_X^2/\sigma_X^2}{s_Y^2/\sigma_Y^2}$$

を用います。**第7講**で学んだように，この統計量は帰無仮説の下で自由度が n_X-1 および n_Y-1 の F 分布に従いますので，**F 検定統計量**と呼ばれ，アルファベットの大文字 F（添え字はありません）で表します。それに加えて，帰無仮説の下では $\sigma_X^2=\sigma_Y^2$ ですので，検定統計量は

$$F = \frac{s_X^2}{s_Y^2}$$

となります。

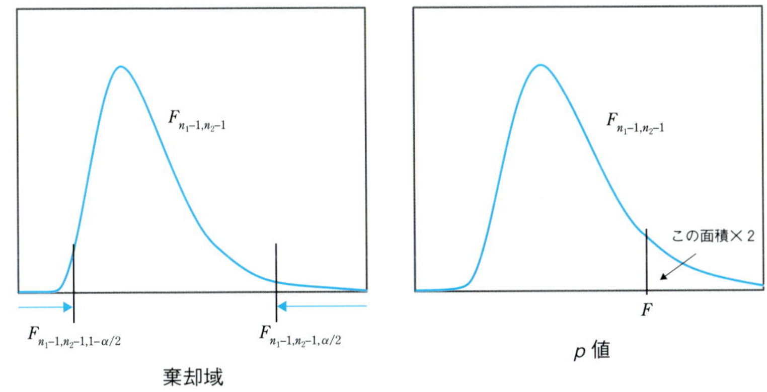

図 11-4　**分散比の検定の棄却域と p 値**

対立仮説が正しい場合の検定統計量の抽出分布を考えます。X の母分散が Y の母分散よりも大きい場合は，検定統計量の抽出分布が F 分布よりも右に乖離することになります。一方で，X の母分散が Y の母分散よりも小さい場合は，検定統計量の抽出分布が左に乖離することになります。よって，図 11-4（左図）のように，自由度が n_X-1 および n_Y-1 の F 分布の両側の裾の $\alpha/2$ 部分を棄却域とすればよいわけです。また，p 値は図 11-4（右図）のように，両側の裾における確率のうち小さい方を 2 倍したものとなります。

例の解答：F 検定統計量は

$$F=\frac{2.4}{1.6}=1.50$$

となります。有意水準 5%の棄却域は，自由度が 49 および 24 の F 分布の 95%分位点 $F_{49,\,24,\,0.05}$ を計算すると

$$F \geq F_{49,\,24,\,0.05}=1.86$$

となります（=f.inv(0.95,49,24)）。よって，検定統計量は棄却域に含まれないため，帰無仮説は棄却されず，2 つの投資ポートフォリオの収益率の分散は異なるとはいえない，と結論されます。また，p 値は $F_{49,\,24}$ を自由度 49 お

表 11–3　仮説検定の表記

検定統計量	z	t	χ^2	F
確率分布	Z	t_k	χ^2_k	F_{k_1,k_2}
100(1 − α)%分位点	z_α	$t_{k,\alpha}$	$\chi^2_{k,\alpha}$	$F_{k_1,k_2,\alpha}$

よび 24 の F 分布に従う確率変数とすると

$$P(F_{49,\ 24} \geq 1.50) = 0.14$$

となり（=1-f.dist(1.50,49,24.1)），有意水準 0.05 よりも大きいため，棄却域を用いた場合と同様に帰無仮説は棄却されません。

ここで，**第 10 講**と本講で扱った検定統計量，帰無仮説の下での確率変数，100(1 − α)%分位点の表記の方法を表 11–3 でまとめておきます。

11.6　Excel を用いた仮説検定

本節では，Excel を用いて仮説検定を行います。Excel を用いると，仮説検定の手順のうち **手順 3** の検定統計量と，**手順 4** における棄却域や p 値を求めることができます。

■ 平均の検定

第 9 講で用いた日経平均株価指数の 2016 年 3 月の 22 日間の収益率を用いて，平均収益率（母平均 μ）について，分散が未知である場合の仮説検定

$$H_0 : \mu = 0$$

$$H_1 : \mu \neq 0$$

を行ってみます。ここでは，母平均の検定のみを扱いますが，**第 10 講**と第

	A	B	C	D	E
1		収益率(%)			
2	2016/3/1	0.37		標本数	22
3	2016/3/2	4.03		標本平均	0.20
4	2016/3/3	1.27		母標準偏差	0.70
5	2016/3/4	0.32		標本標準偏差	1.27
6	2016/3/7	-0.61		α	0.1
7	2016/3/8	-0.76		t検定統計量	0.84
8	2016/3/9	-0.84		棄却域（左裾の上限）	-2.08
9	2016/3/10	1.25		棄却域（右裾の下限）	2.08
10	2016/3/11	0.51		p 値	0.408
11	2016/3/14	1.73			
12	2016/3/15	-0.68			
13	2016/3/16	-0.84			

図 11–5　**検定統計量，棄却域，*p* 値**

11 講で学んだ全ての仮説検定は，同様の流れで行うことができます。

図 11–5 のように，E の列には，標本数（E2）と有意水準（E6）が入力されており，標本平均（E3）と標本標準偏差（E5）が計算されています。母標準偏差が既知であれば E4 の値を用います。ここでは，その下のセルに検定統計量，棄却域，p 値を求めていきます。棄却域は左側の裾と右側の裾にありますので，それらの上限および下限を求めます。

まず，検定統計量は**第 10 講**で学んだ式をそのまま入力することで

=E3/(E5/sqrt(E2))

となります（E7）。

棄却域は，自由度が $n-1$ の t 分布の分位点を求めることで求められます。ここでは $-t_{n-1,\alpha/2}$ が左裾の上限，$t_{n-1,\alpha/2}$ が右裾の下限となりますので，**第 6 講**で学んだ連続確率変数の累積分布関数の逆関数を用いることで，次のように求められます（E8 および E9）。

棄却域（左裾の上限）：　=-t.inv(1-E6/2,E2-1)

棄却域（右裾の下限）：　=t.inv(1-E6/2,E2-1)

	A	B	C	D	E
1		収益率(%)		収益率(%)	
2	2016/3/1	0.37	2016/12/1	1.11	
3	2016/3/2	4.03	2016/12/2	-0.47	
4	2016/3/3	1.27	2016/12/5	-0.82	
5	2016/3/4	0.32	2016/12/6	0.47	
6	2016/3/7	-0.61	2016/12/7	0.74	
7	2016/3/8	-0.76	2016/12/8	1.44	
8	2016/3/9	-0.84	2016/12/9	1.22	
9	2016/3/10	1.25	2016/12/12	0.83	
10	2016/3/11	0.51	2016/12/13	0.50	
11	2016/3/14	1.73	2016/12/14	0.02	
12	2016/3/15	-0.68	2016/12/15	0.10	
13	2016/3/16	-0.84	2016/12/16	0.66	
14	2016/3/17	-0.22	2016/12/19	-0.05	
15	2016/3/18	-1.26	2016/12/20	0.53	

図 11–6　3月と 12 月の株価指数収益率

p 値は，検定統計量の右裾の確率を 2 倍したものになりますので，**第 6 講**で学んだ累積確率分布関数を注意深く用いることで

p 値：　＝2*(t.dist(-abs(E7),E2-1,1))

と求めることができます（E10)。

なお，z 検定統計量，カイ二乗検定統計量，F 検定統計量を用いる場合でも，棄却域はそれぞれの検定統計量の帰無仮説の下での抽出分布について，累積分布関数の逆関数を用いることで求めることができます。p 値は累積確率分布関数を注意深く用いることで，求めることができます。

■ 平均の差の検定

本講で説明したウェルチの検定については，自由度の計算が煩雑になるため，t.test 関数を用いることもできます。図 11–6 では，3 月と 12 月の日次の日経平均株価指数収益率が与えられています。日本の株式市場では 12 月に株価が上昇しやすいという「神話」がありますので，2016 年を例にとって検証してみましょう。ウェルチの検定の p 値は

=t.test(B2:B23,D2:D22,2,3)

で求めることができます。ここで，関数の括弧の中には，まず2標本のデータ範囲をカンマで区切って入力し，次に片側検定であれば1，両側検定であれば2を入力します。さらにカンマで区切って，最後に分散が等しい場合の検定であれば2，分散が等しくない場合の検定は3を入力します。

■ Active Learning

《理解度チェック》

□1　割合の仮説検定を行う上で必要な統計的仮定を正確に述べ，用いる検定統計量の帰無仮説の下での抽出分布を答えなさい。

□2　分散の仮説検定を行う上で必要な統計的仮定を正確に述べ，用いる検定統計量の帰無仮説の下での抽出分布を答えなさい。

□3　平均の差の仮説検定を行う上で必要な統計的仮定を正確に述べ，用いる検定統計量の帰無仮説の下での抽出分布を答えなさい。

□4　割合の差の仮説検定を行う上で必要な統計的仮定を正確に述べ，用いる検定統計量の帰無仮説の下での抽出分布を答えなさい。

□5　分散の比の仮説検定を行う上で必要な統計的仮定を正確に述べ，用いる検定統計量の帰無仮説の下での抽出分布を答えなさい。

《調べてみよう》

日本放送協会（NHK）の紅白歌合戦は1951年からほぼ毎年開催されています。インターネットなどで過去の記録を入手し，紅組と白組の勝率が異なるかを，有意水準5%の仮説検定を用いて調べてみましょう。また，紅組が優勝した年と白組が優勝した年で視聴率が異なるかを，有意水準5%を用いた仮説検定で調べてみましょう。

《*Exercises*》

問 1　経営者の交代により労務環境が改善したと回答する従業員の割合 p が 0.25 を上回るかを，仮説

$$H_0 : p \geq 0.25$$
$$H_1 : p < 0.25$$

を検定することで調べたい。いま，以下の標本数が得られた場合に，標本割合 $\hat{p}$ がいくら未満であれば有意水準 5% で帰無仮説が棄却されるかを答えなさい。

(1)　$n=100$

(2)　$n=400$

(3)　$n=800$

問 2　平均が μ，分散が σ^2 の正規分布に従う母集団から $n=16$ の標本を抽出し，仮説

$$H_0 : \sigma^2 = 100$$
$$H_1 : \sigma^2 \neq 100$$

を有意水準 5% を用いて検定したい。

(1)　χ^2 検定統計量を用いる場合の棄却域を求めなさい。

(2)　標本を抽出したところ，$\bar{X}=10$，$s^2=180$ を得た。χ^2 検定統計量を計算し，(1) で回答した棄却域を用いて結論しなさい。

(3)　χ^2 検定統計量の帰無仮説の下での確率密度関数を描き，その中に p 値をわかりやすく図示しなさい。

同様の状況において，仮説

$$H_0 : \sigma^2 \leq 100$$
$$H_1 : \sigma^2 > 100$$

を同じく有意水準 5% を用いて検定したい。

(4)　χ^2 検定統計量を用いる場合の棄却域を求めなさい。

(5)　標本を抽出したところ，$\bar{X}=10$，$s^2=180$ を得た。χ^2 検定統計量を計算し，(4) で回答した棄却域を用いて結論しなさい。

(6)　χ^2 検定統計量の帰無仮説の下での確率密度関数を描き，その中に p 値をわかりやすく図示しなさい。

問 3　ある調査によると，韓国人 600 人と日本人 562 人の平均転職回数はそれぞれ 0.92 回と 0.88 回であった。なお，両国の転職回数は独立な確率変数であるとする。

(1) 韓国と日本の転職回数の分散が等しいと仮定して，標本標準偏差を計算したところ 0.36 回であった。両国での平均転職回数が等しいか否かを有意水準 5% を用いて検定しなさい。

(2) 韓国と日本の転職回数の分散が等しくないと仮定して，標本標準偏差を求めたところ，それぞれ 0.4 回と 0.3 回であった。両国での平均転職回数が等しいか否かを有意水準 5% を用いて検定しなさい。

(3) 母集団が離散確率変数であることが仮説検定の結論の正確性にどのように影響を与えるかを説明しなさい。

問 4　以下の場合において，ベルヌーイ分布に従う 2 つの母集団 X および Y の割合の差の仮説

$$H_0 : p_X - p_Y = 0$$

$$H_1 : p_X - p_Y \neq 0$$

を有意水準 5% を用いて検定しなさい。

(1) $n_X = 200$，$n_Y = 300$，$\hat{p}_X = 0.68$，$\hat{p}_Y = 0.58$

(2) $n_X = 500$，$n_Y = 800$，$\hat{p}_X = 0.22$，$\hat{p}_Y = 0.20$

問 5　以下の場合において，2 つの独立に正規分布に従う母集団 X および Y の分散比の仮説

$$H_0 : \sigma_X^2 = \sigma_Y^2$$

$$H_1 : \sigma_X^2 \neq \sigma_Y^2$$

を有意水準 5% を用いて検定しなさい。

(1) $n_X = 24$，$n_Y = 36$，$s_X^2 = 66$，$s_Y^2 = 40$

(2) $n_X = 8$，$n_Y = 120$，$s_X^2 = 32$，$s_Y^2 = 12$

(解答は，本書サポートページを参照。)

第12講 分散分析

■分散分析とは，複数の母集団の平均が等しいか否かを分散比を用いて検定する手法で，3つ以上の母集団平均も同時に検定することができます。分散分析は，第13講以降で説明する回帰分析とも密接な関連を持っています。

12.1 分散分析

分散分析は，その名称からして母集団の分散が興味の対象のようにも思われるかもしれませんが，目的は複数の母集団の平均を比べることにあります。本講では，分散分析の中で最も基本的で**第13講**以降で学ぶ回帰分析と関連が強い一元分散分析を取り扱います。次の例をみてみましょう。

例：27人の受講者がいる統計学の授業の期末試験を，3つの教室に分かれて行ったとします。受講者は，学力とは関係のない学籍番号の順で割り振っていますので，3つの教室の平均点はほぼ同じになるはずです。ところが，もし試験時間中に空調や騒音などの影響で，いずれかの教室がその他の教室よりも不利な状況で試験が行われたのであれば，その教室で受験した学生の平均点は他に比べて低くなることが予想されます。

さて，ある学生から「自分が受験した第3教室は騒音がひどかったために再受験をさせて欲しい。」との申立てがありました。この申立てへ対応するためには，騒音の影響に対して統計的な手段を用いて検証することが必要です。どのようにすればよいでしょうか。

表12-1は，それぞれの教室で受験した学生の得点のデータです。ここで，

表 12-1　教室毎の得点データ

第 1 教室	第 2 教室	第 3 教室
100	94	45
92	92	83
62	57	76
88	82	82
81	66	45
58	100	61
94	82	88
65		32
53		38
64		
78		

表 12-2　分散分析のデータ

グループ 1	グループ 2		グループ g
X_{11}	X_{21}		X_{g1}
X_{12}	X_{22}		X_{g2}
⋮	⋮	……	⋮
X_{1n_1}	X_{2n_2}		X_{gn_g}

3 つの教室における母集団の平均点をそれぞれ μ_1, μ_2, μ_3 とします。仮説検定の枠組みを用いると，検証したい帰無仮説は

$$H_0 : \mu_1 = \mu_2 = \mu_3$$

すなわち，3 つの教室の平均点は変わらない，となります。対立仮説は

$$H_1 : \text{少なくとも 1 つの組において } \mu_i \neq \mu_j \text{ である}$$

となります。つまり，全ての教室で平均点が異なる場合だけでなく，3 つの教室のうち 1 つだけの平均点が異なる場合も対立仮説に含んでいます。

■ 分散分析のデータ

一般的には，表 12-2 のように g 個のグループがあり，第 i グループの第 j 観測値を下付き添え字を 2 つ用いて X_{ij} と表します。そして，第 i グループの観測値の数を n_i とします。観測値の数 n_i にグループを表す下付き添え字がありますので，観測値の数がグループで異なってもよいわけです。

このように表すと，第 i グループの標本を用いて計算した**グループ標本平均**は

$$\bar{X}_i = \frac{1}{n_i}\sum_{j=1}^{n_i} X_{ij}$$

となります。一方で，全標本を用いて計算した**全標本平均**は

$$\bar{X} = \frac{1}{n}\sum_{i=1}^{g}\sum_{j=1}^{n_i} X_{ij}$$

となります。なお，n は合計の標本数で

$$n = \sum_{i=1}^{g} n_i$$

と表されます。

例の計算：表 12–1 の得点データのグループ標本平均は，第 1 教室が 75.9，第 2 教室が 81.9，第 3 教室が 61.1 となります。全標本平均は 72.5 です。

12.2 分散分析の統計モデル

分散分析やこの後の章で学ぶ回帰分析では，統計モデルという考え方を用いて，単なる確率変数よりも複雑なデータ発生メカニズムを扱います。

ここでは，次のような統計モデルから標本 X_{ij} が発生していると考えます。

$$X_{ij} = \mu_i + U_{ij}, \quad i = 1, \ldots, g \quad かつ \quad j = 1, \ldots, n_i$$

この式の中で，μ_i はグループ毎に異なる値をとり得る未知のパラメータです。U_{ij} は誤差項と呼ばれ，平均が 0 で分散が σ^2 の独立で同一な正規分布に従う確率変数です。

ここで期待値の性質を用いると，第 i グループのグループ母平均は

$$E(X_{ij}) = E(\mu_i) + E(U_{ij}) = \mu_i + 0 = \mu_i$$

となります。また，第 i グループのグループ母分散は

$$V(X_{ij}) = \sigma^2$$

であることがわかります。

つまり，分散分析に用いるデータは図 12–1 のようにグループ毎に異なる確率分布をもって発生していると考えることができます。この図の中でも，観測値 X_{ij} とグループ母平均 μ_i の差が誤差項 U_{ij} を表しています。また，この例ではグループ 1 の確率分布はグループ 2 よりも左にあることから，グループ 1 の母平均がグループ 2 の母平均よりも小さい場合を表しています。

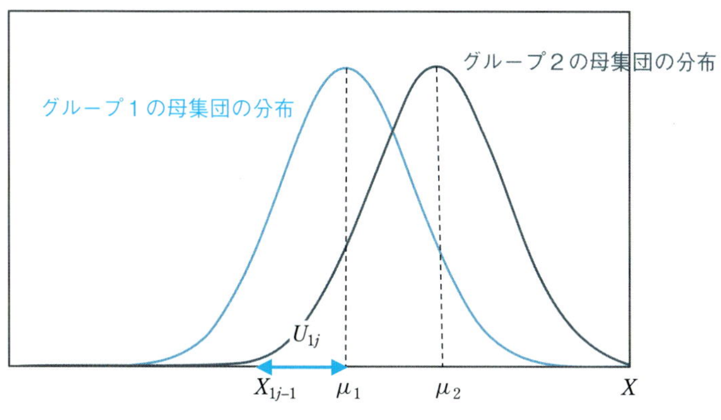

図 12–1　**分散分析の統計モデル**

●POINT12–1　分散分析の統計モデル

次のモデルからデータ X_{ij} が発生していると考える。

$$X_{ij} = \mu_i + U_{ij}, \quad i = 1, \ldots, g \quad \text{かつ} \quad j = 1, \ldots, n_i$$

なお，μ_i は第 i グループのグループ母平均，U_{ij} は誤差項で，独立で同一の平均が 0 で分散が σ^2 の正規分布に従う。

12.3　分散分析表

分散分析では，以下の 2 つの方法で計算された標本の変動の大きさを比較することで，平均についての仮説を検定します。以下で説明するように，変動を標準化した分散の推定量を用いますので，これが分散分析の名前の由来になっています。

■ 変動を計算する

まず，グループ内の変動を計算します。第1グループについては

$$\sum_{j=1}^{n_1}(X_{1j}-\bar{X}_1)^2$$

で，同様に第2グループについては

$$\sum_{j=1}^{n_2}(X_{2j}-\bar{X}_2)^2$$

となります。これを g グループの全てで合計したものを**グループ内変動**と呼びます。

$$\text{グループ内変動}=\sum_{i=1}^{g}\sum_{j=1}^{n_i}(X_{ij}-\bar{X}_i)^2$$

次に，異なるグループの間でグループ標本平均がどの程度ばらついているかを測ります。このために，グループ標本平均と全標本平均の差の2乗に各グループの標本数を掛けたものを，**グループ間変動**と呼びます。

$$\text{グループ間変動}=\sum_{i=1}^{g}n_i(\bar{X}_i-\bar{X})^2$$

最後に，全ての標本の全標本平均のまわりでの変動を**全変動**と呼びます。

$$\text{全変動}=\sum_{i=1}^{g}\sum_{j=1}^{n_i}(X_{ij}-\bar{X}_i)^2$$

ここで，これらの3つの変動には，

全変動＝グループ内変動＋グループ間変動

の関係が成り立っています。

■ 変動を標準化する

このように計算された変動をその変動を生み出す変数の数である自由度で割ることで標準化をします。これを**不偏分散**と呼びます。

それでは，それぞれの変動につき自由度を考えてみます。まず，わかりやすい全変動からみてみましょう。全変動の中には自由に動くことができる変数 $(X_{ij}-\bar{X})$ が n 個あります。(2 重の総和記号になっていますが，**第 5 講**で説明した総和記号の性質を思い出すと，全変動を生み出す要素の数は $n_1+n_2+\cdots+n_g=n$ です。) しかしながら，それぞれの変数は同じ標本から計算された全標本平均 $\bar{X}$ を引くことで中心化されていますので，自由度は $n-1$ となります。

次に，グループ間変動をみてみます。グループ間変動の中には自由に動くことのできる変数 $(X_i-\bar{X})$ が g 個あります。しかしながら，それぞれの変数は同じ標本から計算された全標本平均を引くことで中心化されていますので，自由度は $g-1$ となります。

最後に，グループ内変動をみてみます。グループ内変動の中には自由に動くことができる変数 $(X_{ij}-\bar{X}_i)$ が n 個あります。しかしながら，それぞれの変数は同じ標本から計算された g 個のグループ標本平均 $\bar{X}_i$ を引くことで中心化されていますので，自由度は $n-g$ となります。

このように計算された変動，自由度そして不偏分散は，表 12–3 のような**分散分析表**にまとめられます。

表 12–3　分散分析表

	変　動	自由度	不偏分散
グループ間	グループ間変動	$g-1$	$\frac{\text{グループ間変動}}{g-1}$
グループ内	グループ内変動	$n-g$	$\frac{\text{グループ内変動}}{n-g}$
合　計	全変動	$n-1$	$\frac{\text{全変動}}{n-1}$

表 12-4　期末試験得点データの分散分析表

	変　動	自由度	不偏分散
グループ間	1908.1	2	954.04
グループ内	7852.7	24	327.19
合　計	9760.7	26	375.41

例の計算：表 12-1 のデータを用いて期末試験の得点の変動を計算すると，次のようになります。

$$\text{グループ間変動} = (75.9-72.5)^2+(81.9-72.5)^2+(61.1-72.5)^2 = 1908.1$$

$$\begin{aligned}\text{グループ内変動} &= (100-75.9)^2+(92-75.9)^2+\cdots+(78-75.9)^2 \\ &\quad +(94-81.9)^2+(92-81.9)^2+\cdots+(82-81.9)^2 \\ &\quad +(45-61.1)^2+(83-61.1)^2+\cdots+(38-61.1)^2 = 7852.7\end{aligned}$$

$$\begin{aligned}\text{全変動} &= (100-72.5)^2+(92-72.5)^2+\cdots+(78-72.5)^2 \\ &\quad +(94-72.5)^2+(92-72.5)^2+\cdots+(82-72.5)^2 \\ &\quad +(45-72.5)^2+(83-72.5)^2+\cdots+(38-72.5)^2 = 9760.7\end{aligned}$$

また，それぞれの変動の自由度は $n=27$，$g=3$ を用いると，2，24，26 となります。よって，分散分析表は表 12-4 のようになります。

12.4　分散分析の仮説検定

帰無仮説が正しければ，このように計算したグループ間変動の不偏分散とグループ内変動の不偏分散の期待値は等しくなることが知られています。しかしながら，もし帰無仮説が正しくなく，グループ間の平均が異なるのであれば，グループ間変動の不偏分散はグループ内変動の不偏分散よりも大きくなります。そこで，この 2 つの不偏分散が等しいか否かの仮説検定を，**第 11 講**第 5 節で学んだ F 検定統計量を用いて行います。

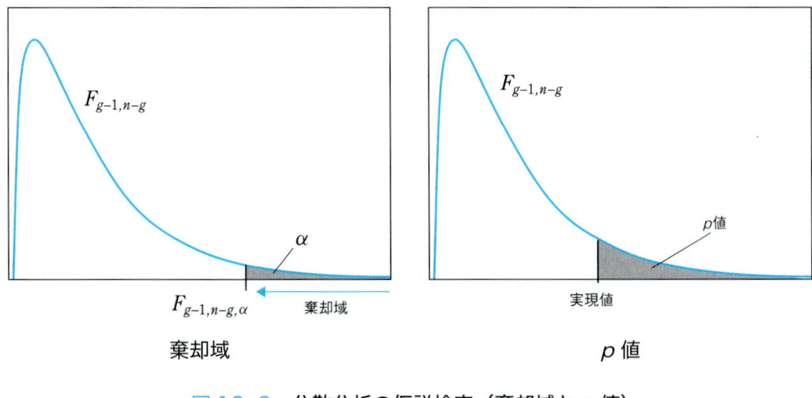

図 12-2　分散分析の仮説検定（棄却域と p 値）

検定統計量には，グループ間変動の不偏分散をグループ内変動の不偏分散で割った

$$F = \frac{\text{グループ間変動}/(g-1)}{\text{グループ内変動}/(n-g)}$$

を用います。この統計量は，帰無仮説が正しくグループ間での母平均の違いがなければ，分散比の検定でみたように，自由度 $g-1$ および $n-g$ の F 分布に従います。

もし帰無仮説が正しくなく，グループ間の母平均が異なるのであれば，グループ間でのばらつきを測る分子が大きくなるため，検定統計量は F 分布よりも大きな値をとります。そのため，図 12-2 のように F 分布の右側の裾を用いた片側検定を行います。具体的には，自由度 $g-1$ および $n-g$ の F 分布の右裾 α 部分が棄却域となります。また，p 値は検定統計量の実現値の右側の確率として求められます。

●POINT12-2　分散分析の仮説検定

帰無仮説と対立仮説を

$$H_0 : \mu_1 = \mu_2 = \cdots = \mu_g$$

H_1：少なくとも一つの母平均が異なる

とする。帰無仮説の下で F 検定統計量は

$$F = \frac{\text{回帰変動}/(g-1)}{\text{残差二乗和}/(n-g)} \sim F_{g-1,n-g}$$

となる。標本から計算される検定統計量が $F_{g-1,n-g}$ の右裾で求められる棄却域に入るか，$F_{g-1,n-g}$ の右側で求められる p 値が有意水準より小さければ，H_0 を棄却する。

12.5 Excel を用いた分散分析

本節では，Excel のデータ分析ツールを用いて分散分析を行います。図 12-3 には，3 つの教室における統計学の期末試験の得点が示されています。各教室が各列に対応しています。

まず，データ分析から［分散分析：一元配置］を選択します。すると，図 12-4（上図）のようなポップ・アップ・ウインドウが開きますので，入力範囲にデータ範囲を指定します。データ範囲は，図 12-3 の実線で囲まれている部分のように，空白セルも含めてデータが入力されている全てを四角形で指定します。データ方向は，列を選択します。仮説検定のときと同様に有意水準を α で指定し，［OK］を押すと，図 12-4（下図）のような結果が出力されます。

結果には 2 つの箱があります。上の箱（[概要]）では，各教室の標本数，全ての値を足し合わせた合計，標本平均および標本分散が出力されています。分散分析の結果は，下の箱（[分散分析表]）に表されます。

このうち，変動，自由度および（不偏）分散は表 12-4 で説明したものと

教室 1	教室 2	教室 3
100	94	45
92	92	83
62	57	76
88	82	82
81	66	45
58	100	61
94	82	88
65		32
53		38
64		
78		

図 12–3　教室別の期末試験の得点データ

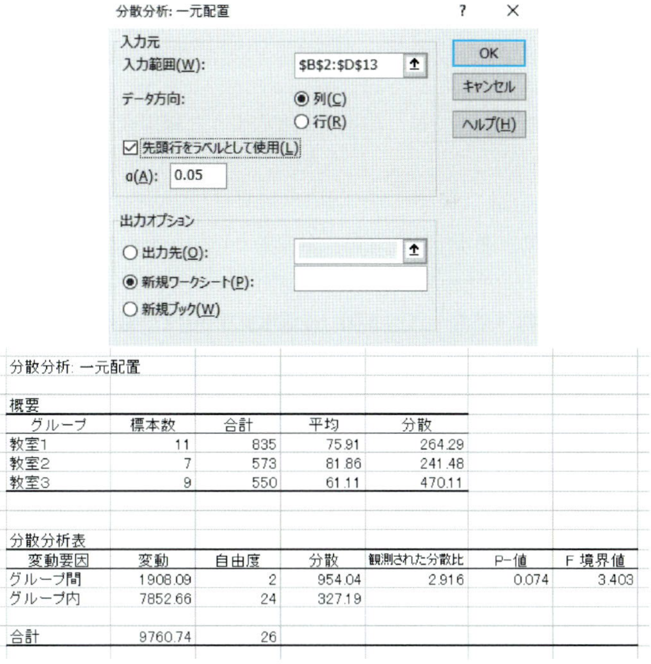

分散分析: 一元配置

概要

グループ	標本数	合計	平均	分散
教室1	11	835	75.91	264.29
教室2	7	573	81.86	241.48
教室3	9	550	61.11	470.11

分散分析表

変動要因	変動	自由度	分散	観測された分散比	P-値	F 境界値
グループ間	1908.09	2	954.04	2.916	0.074	3.403
グループ内	7852.66	24	327.19			
合計	9760.74	26				

図 12–4　Excel を用いた分散分析

同様です。[観測された分散比] は，グループ間の不偏分散をグループ内の不偏分散で割ったもので，上で説明したF検定統計量を示します。

最後に [P 値] は，この検定に対するp値を表し，[F 境界値] は指定した有意水準における棄却域の下限を示します。この例では，p値が 0.07 となるため，帰無仮説は有意水準 5%では棄却されず，教室毎の平均点は有意に異ならないと結論されます。

■ Active Learning

《理解度チェック》

□1　分散分析の目的を，言葉で説明しなさい。

□2　分散分析の統計モデルを記し，帰無仮説と対立仮説をモデルのパラメータを用いて記載しなさい。

□3　分散分析の統計モデルでは，誤差項がどのような確率変数であるかを説明しなさい。

□4　グループ間変動，グループ内変動，全変動とは何かをそれぞれ説明しなさい。

□5　グループ間変動，グループ内変動，全変動の自由度を標本数nとグループの数gを用いて説明しなさい。

《調べてみよう》

ガソリンスタンドに地域別の価格差があるかを調べるために，任意の都道府県を5つ選び，選んだ都道府県から任意に 10 店舗程度のレギュラーガソリンの価格（円/リットル）を抽出することで分散分析のデータを作成し，分散分析を用いて価格差があるかを検定してみましょう。なお，インターネットのガソリンスタンド情報共有サイトなどで全国のガソリンスタンドでのガソリン価格を調べることができます。

《Exercises》

問 1　本講で用いた分散分析の統計モデルと以下の分散分析表に基づき，グループの母平均が全て等しいか，有意水準 5% を用いて検定しなさい。

(1)

	変　動	自由度
グループ間	488	6
グループ内	226	43
合　　計	814	49

(2)

	変　動	自由度
グループ間	27.5	3
グループ内	18.8	16
合　　計	46.3	19

問 2　ある理容室の平日の 1 日の利用客を 5 週間にわたり調べたところ，次のようになった。それぞれの曜日を 1 つのグループと考え，平均客数が曜日により異なるかを調べたい。

（人）

月	水	木	金
24	36	11	38
13	18	23	37
8	28	24	29
32	36	18	21
20	12	27	41

(1) 全変動，グループ間変動，グループ内変動を求めなさい。

(2) 全変動，グループ間変動，グループ内変動の自由度を求め，分散分析表を作成しなさい。

(3) 利用客の平均が平日の曜日で異なるか否かにつき，分散分析の統計モデルを用いて，有意水準 5% を用いて検定しなさい。

問 3　有給休暇の取得日数が職種により異なるかを調べるために，管理職から 4 人，事務職から 6 人，専門職から 5 人の標本を抽出したところ，次のようになった。

（日）

管理職	事務職	専門職
6	8	12
0	2	9
4	10	2
7	14	5
	7	9
	6	

(1) 全変動，グループ間変動，グループ内変動を求めなさい。

(2) 全変動，グループ間変動，グループ内変動の自由度を求め，分散分析表を作成しなさい。

問 4　問 3 の母集団が次の統計モデルに従うとする。

$$X_{ij} = \mu_i + U_{ij}$$

ここで，μ_i が第 i グループの母平均を表すパラメータ，U_{ij} は第 i グループの第 j 番目の誤差項で独立で同一な正規分布 $N(0, \sigma^2)$ に従う。なお，第 1 グループは管理職，第 2 グループは事務職，第 3 グループは専門職を表す。

(1) パラメータ μ_1，μ_2，μ_3 の推定値を求めなさい。

(2) 管理職の 4 人につき，誤差項の推定値を求めなさい。

(3) 利用客の母平均が平日の曜日で異なるか否かにつき，分散分析の統計モデルを用いて，有意水準 5％を用いて検定しなさい。

（解答は，本書サポートページを参照。）

第 13 講
回帰分析（1）

■回帰分析は，最も基本的な統計モデル分析として幅広い分野で用いられています。本書の最後の 3 講では，その仕組みと使い方を学びます。本講では，回帰分析の統計モデルを説明し，その推定方法を紹介します。

13.1 回帰直線と相関係数

表 13–1 は，世界 50 か国の家計の「貯蓄率（%）」と「高齢化率（総人口に占める 75 歳以上の割合：%）」のデータです。例えば，高齢化率が 1%高まると貯蓄率がどう変わるかあるいは高齢化率が 5%の国の貯蓄率はどの程度かのような疑問に答えることができれば，高齢化が進展する国の将来の貯蓄率を予測することができるかもしれません。

本書の**第 3 講**と**第 5 講**では，このように 2 つの変数の関係を共分散や相関係数で表すことを学びました。共分散は 2 つの変数の直線状の関係の方向を表し，相関係数は単位に依存しない直線状の関係の強さを表すことを思い出してください。つまり，共分散や相関係数は図 13–1 のように散布図上に描かれた直線のまわりにどの程度きれいにデータがちらばるかを示しています。

ところが，「高齢化率が 1%高まると貯蓄率がどう変わるか」を知るには，直線のまわりのばらつきではなく，直線そのものの情報が必要になります。そこで，**回帰分析**では 2 つの変数 X と Y の間に平均的に次の関係

表 13-1　貯蓄率のデータ（1960-70 年）

（%）

	貯 蓄 率	高齢化率
オーストラリア	11.43	2.87
オーストリア	12.07	4.41
ベルギー	13.17	4.43
ボリビア	5.75	1.67
ブラジル	12.88	0.83
カナダ	8.79	2.85
チリ	0.60	1.34
中国	11.90	0.67
コロンビア	4.98	1.06
コスタリカ	10.78	1.14
⋮	⋮	⋮
ジャマイカ	7.72	1.73
ウルグアイ	9.24	2.72
リビア	8.89	2.07
マレーシア	4.71	0.66

（出所）　Belsley, D., Kuh. E. and Welsch, R. (1980) *Regression Diagnostics*, Wiley.

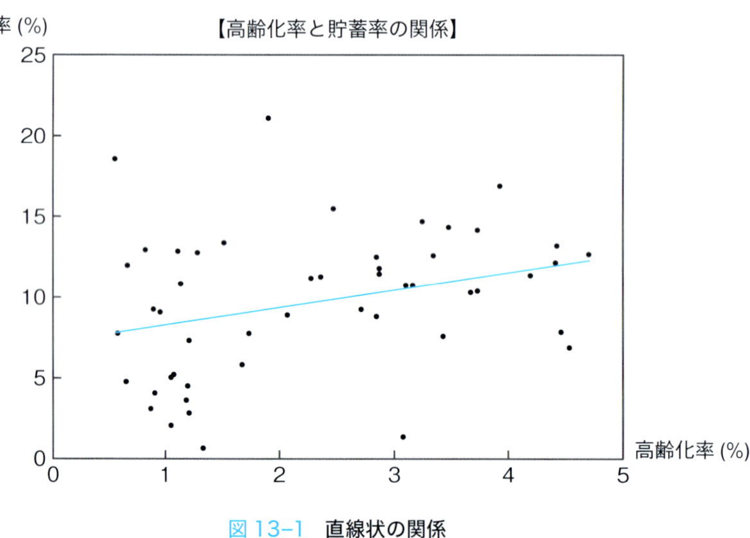

図 13-1　直線状の関係

$$Y = \beta_0 + \beta_1 X$$

があると考えます。

この関係は，X の値を横軸に，Y の値を縦軸にとった平面の上では直線で表すことができ，これを**回帰直線**と呼びます。そして，X を**説明変数**，Y を**被説明変数**と呼びます。β_0 は直線の**切片**で，説明変数 X がゼロであるときの被説明変数 Y の値に相当します。また，β_1 は直線の**傾き**で，説明変数 X が 1 単位増加したときの被説明変数 Y の増加分を表します。回帰分析では，実際のデータの背後にこのような直線状の関係を想定し，切片と傾きといった**係数**の具体的な値を推測します。

13.2 回帰モデル

本節では，変数の間の直線状の関係を統計モデルで表すことを考えます。例えば，$\beta_0 = 2$，$\beta_1 = 3$ とすると，X の値と Y の値は

$$Y = 2 + 3X$$

で表される直線状に並ぶことになります。ところが，実際のデータは図 13–1 のように直線の上ではなく，そのまわりにちらばっています。そこで，標本数 n のデータを下付きの添え字 $i = 1, \ldots, n$ で順番付けし，第 i 番目の観測値は回帰直線に**誤差項**と呼ばれる期待値がゼロの確率変数 U_i を加えた

$$Y_i = \beta_0 + \beta_1 X_i + U_i$$

から発生していると考えます。すると，図 13–2 のように誤差項 U_i は Y_i の値と回帰直線の垂直方向の差を表し，直線のまわりにちらばるデータを上手く表すことができます。

このように，回帰分析に用いる統計モデルを**回帰モデル**と呼び，この例のように説明変数が 1 つの回帰モデルを，**第 15 講**で紹介する説明変数が複数

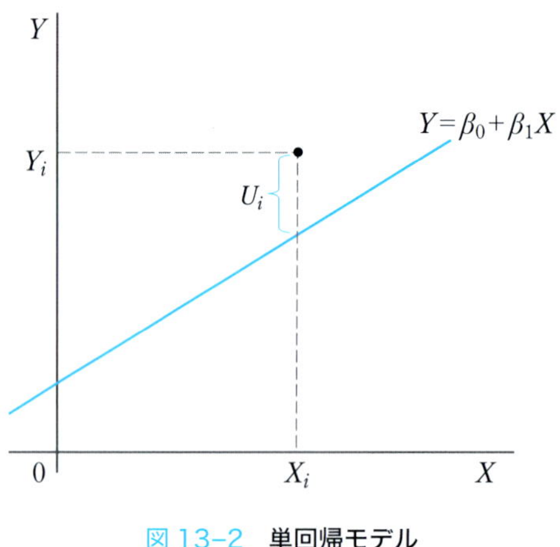

図 13–2　**単回帰モデル**

の回帰モデルと区別して単回帰モデルと呼ぶことがあります。

●POINT13–1　単回帰モデル

次のモデルからデータ $(X_i,\ Y_i)$ が発生していると考える。

$$Y_i=\beta_0+\beta_1X_i+U_i$$

なお，X_i は説明変数，Y_i は被説明変数，U_i は誤差項。また，β_0 は切片，β_1 は傾きをそれぞれ表す母数である。$E(U_i)=0$ とする。

例：表 13–1 の上から観測値を順番付けすると，例えばオーストラリアの貯蓄率は，添え字 1 を用いて

$$Y_1=\beta_0+\beta_1X_1+U_1$$

と表されます。次のオーストリアの貯蓄率は，添え字 2 を用いて

$$Y_2=\beta_0+\beta_1X_2+U_2$$

となります。切片 β_0 と傾き β_1 は，全ての国に共通です。

■ 単回帰モデルの解釈

単回帰モデルを現実的に解釈してみます。まず，回帰直線は説明変数 X の値が確定しているときの被説明変数 Y の期待値，つまり

$$E(Y_i) = \beta_0 + \beta_1 X_i$$

と解釈することができます。また，切片 β_0 は説明変数 X の値がゼロであるときの Y の期待値，傾き β_1 は説明変数 X が 1 単位増加したときの被説明変数 Y の増加分の期待値，と解釈することができます。

例：高齢化率を説明変数，貯蓄率を被説明変数とした回帰モデル

$$貯蓄率 = \beta_0 + \beta_1 高齢化率 + 誤差項$$

を考えます。この場合の傾き β_1 は，高齢化率が 1%高まったときの貯蓄率の変化分の期待値と解釈されます。また，切片 β_0 は，高齢化率が 0%のときの貯蓄率の期待値です。ただし，「高齢化率が 0%」である国を想定することは現実的ではありませんので，この場合は切片については積極的に解釈する必要はありません。

また，高齢化率が 5.0%の国の貯蓄率の期待値は，$X_i = 5$ を代入して期待値をとることで

$$E(Y_i) = \beta_0 + \beta_1 \times 5 + E(U_i) = \beta_0 + 5\beta_1$$

となります。

13.3 最小二乗法

係数の値がわかれば回帰モデルを実際に用いることができますので，本節では，標本を用いて切片と傾きを推定する方法を紹介します。

切片と傾きを推測するために，それぞれにある値

$$\beta_0 = b_0$$

$$\beta_1 = b_1$$

を想定してみましょう。すると，その値を用いて1本の直線を引くことができます。このように適当に引いた直線は，本当の回帰直線に近いかもしれませんし，大きく離れているかもしれません。そこで，この仮に想定した直線が標本とどの程度乖離があるかを，次の（垂直方向の）**差の二乗和**で表します。

$$\sum_{i=1}^{n}(Y_i - b_0 - b_1X_i)^2$$

図 13–3 は，$n=3$ の場合に，ある係数の値 (b_0, b_1) に対する差の二乗和を，図の中の3つの正方形の面積で表したものです。1つの観測値と「適当に引いた直線」との垂直方向の差の二乗が，1つの正方形に対応します。左図と右図を比べると，係数の値を変えると「適当に引いた直線」が変わるため，差の二乗和も変化することがわかります。

このように係数の値を変えていくと，差の二乗和を最も小さくするような直線に行き当たります。そのようにして係数の値を選ぶ推定方法を**最小二乗法**と呼びます。具体的には，最小二乗法による係数の推定量は，次のようなデータの関数として表すことができます。これらを係数の**最小二乗推定量**と

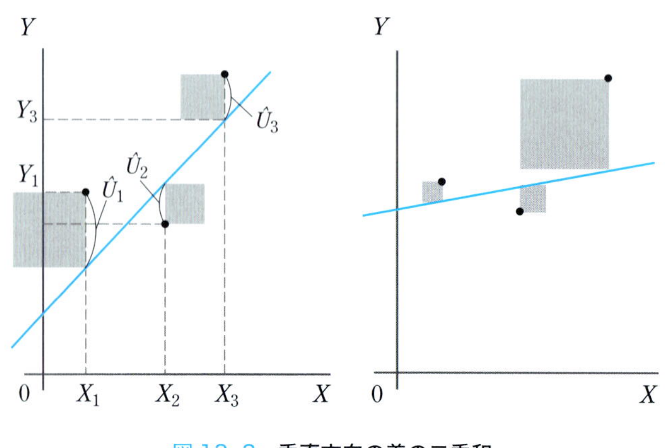

図 13–3　垂直方向の差の二乗和

呼び，上に“＾”(ハット）を付けた$\hat{\beta}_0$，$\hat{\beta}_1$で表します。

$$\hat{\beta}_1 = \frac{\sum_{i=1}^{n}(X_i - \bar{X})(Y_i - \bar{Y})}{\sum_{i=1}^{n}(X_i - \bar{X})^2}$$

$$\hat{\beta}_0 = \bar{Y} - \hat{\beta}_1\bar{X}$$

この推定量は，これまでにみた母平均や母分散の推定量に比べて随分と複雑にみえるかもしれませんが，**第14講**と**第15講**で説明するように，Excelを用いて簡単に計算することができます。

●POINT13–2　単回帰モデルの係数の最小二乗推定量

$$\hat{\beta}_1 = \frac{\sum_{i=1}^{n}(X_i - \bar{X})(Y_i - \bar{Y})}{\sum_{i=1}^{n}(X_i - \bar{X})^2}$$

$$\hat{\beta}_0 = \bar{Y} - \hat{\beta}_1\bar{X}$$

例：Excelで求めた貯蓄率の回帰モデルの最小二乗推定値は

$$\hat{\beta}_0 = 7.15$$

$$\hat{\beta}_1 = 1.10$$

となります。

13.4　予測値と残差

係数の推定値を用いると，図13–4のように推定された回帰直線を引くことができます。この直線はモデルの直線とは異なりますので，ある説明変数

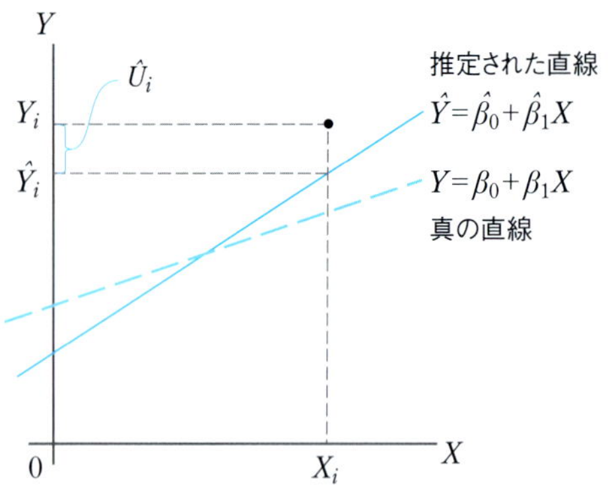

図 13–4　最小二乗法による予測値と残差

の値 X_i に対する被説明変数の値を $E(Y_i)$ ではなく，上に“＾”(ハット）を付けた

$$\hat{Y}_i = \hat{\beta}_0 + \hat{\beta}_1 X_i$$

で表し，被説明変数の**予測値**と呼びます。

　また，観測できない誤差項 U_i を，次のように推定することができます。

$$\begin{aligned}\hat{U}_i &= Y_i - \hat{\beta}_0 - \hat{\beta}_1 X_i \\ &= Y_i - \hat{Y}_i\end{aligned}$$

誤差項の推定値は，誤差項と区別して**残差**と呼びます。**図 13–4** に表されるように，残差 $\hat{U}_i$ は観測値 Y_i と予測値（推定された直線）$\hat{Y}_i$ の垂直方向の差となります。

例：貯蓄率の回帰モデルの推定値は

$$\hat{Y}_i = 7.15 + 1.10 X_i$$

と表すことができます。また，残差は国ごとに求められます。例えば，オーストラリアの残差は

$$\begin{aligned}\hat{U}_1 = Y_1 - \hat{Y}_1 &= 11.43 - (7.15 + 1.10 \times 2.87) \\ &= 1.12\end{aligned}$$

オーストリアの残差は

$$\begin{aligned}\hat{U}_2 = Y_2 - \hat{Y}_2 &= 12.07 - (7.15 + 1.10 \times 4.41) \\ &= 0.07\end{aligned}$$

となります。

13.5 直線のあてはまり

本節では，最小二乗法で推定した回帰直線がどの程度データにあてはまっているか（**あてはまりの良さ**）を表す指標を紹介します。具体的には，**第 12 講**で学んだ分散分析のように，データから計算された変動を比較します。

■ 変動を計算する

前節の結果を用いると，最小二乗法による推定値を次のように変形することができます。

$$Y_i = \hat{Y}_i + \hat{U}_i$$

次に，この両辺から Y の標本平均 $\bar{Y}$ を引いて二乗したものを標本全体で足しわせると

$$\sum_{i=1}^{n}(Y_i - \bar{Y})^2 = \sum_{i=1}^{n}(\hat{Y}_i - \bar{Y})^2 + \sum_{i=1}^{n}\hat{U}_i^2$$

という関係が得られます。なお，本講末の《*Exercises*》の問 4 で上の関係が成り立つことを確認します。

この式の左辺は，被説明変数 Y の標本平均 $\bar{Y}$ のまわりの変動を表し，**全変動**と呼ばれます。また，右辺の第一項は，被説明変数 Y の予測値 $\hat{Y}_i$ のまわりの変動を表し，**回帰変動**と呼ばれます。最後に，右辺の第二項は**残差二乗和**です。図 13–4 をみると，全変動を構成する $(Y_i - \bar{Y})$ のうち，回帰変動を構成する $(\hat{Y}_i - \bar{Y})$ は推定された回帰直線で説明される部分，残差 $\hat{U}_i$ は説明されない部分と解釈できます。また，この表現を用いると

$$全変動 = 回帰変動 + 残差二乗和$$

と表すことができます。

■決定係数

ここで，被説明変数の全変動のうち，回帰分析で説明される回帰変動の割合

$$決定係数(R^2) = \frac{回帰変動}{全変動}$$

を**決定係数**と呼びます。決定係数は，アルファベットの R の 2 乗で表すこともあり，アール二乗とも呼ばれます。例えば，決定係数が 0.4 であれば，被説明変数の変動のうち 40%をこの回帰分析で説明できる，と解釈されます。

また，上の式の分子は「全変動－残差二乗和」ですので，決定係数は

$$決定係数(R^2) = 1 - \frac{残差二乗和}{全変動}$$

と表すこともできます。さらに，全変動と回帰変動はいずれも二乗の和でゼロ以上の値を取りますので，残差二乗和は必ず全変動以下になります。そのことから，決定係数は必ず 0 から 1 までの値をとります。

13.6 Excelを用いた回帰直線

本節では，**第2講**で説明した散布図の中に，最小二乗法で推定した回帰直線を引く方法を説明します。

まず，散布図の上の点をアクティブにした状態で右クリックをすると，図13–5（上図）のようなメニューが出るので，［近似曲線の追加］を選択します。画面の右側に［近似曲線の書式設定］を行うことができるメニューが現れたら，［線形近似］を選択すると最小二乗法で推定した直線を引くことが

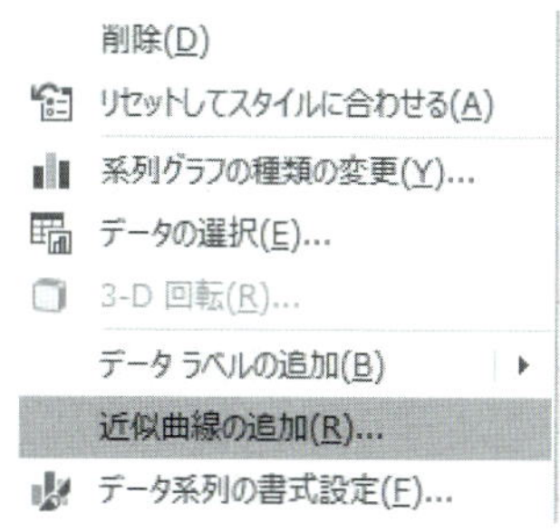

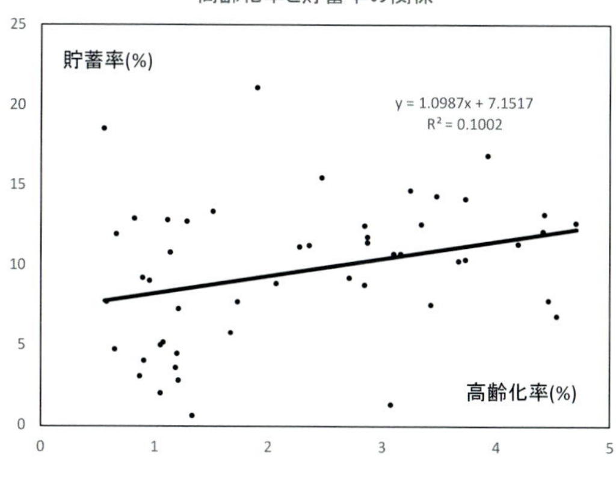

図 13–5　Excelを用いた回帰直線

できます（図 13–5（左図））。

なお，［近似曲線の書式設定］メニューの中で［グラフに数式を表示する］を選択すると，散布図の中に推定された回帰直線が

$$y=1.0987x+7.1517$$

の形で表示されます。さらに，［グラフに R-2 乗値を表示する］を選択すると，散布図の中に決定係数

$$R^2=0.1002$$

の形で表示されます。

■ Active Learning

《理解度チェック》

□1　2 つの変数の関係を捉えるために，相関係数ではなく単回帰分析を用いる理由を説明しなさい。

□2　単回帰モデルの切片と傾きの係数を，言葉で解釈しなさい。また，切片が現実的な意味を持つ例を 1 つあげなさい。

□3　単回帰モデルに誤差項がないとすると，モデルから得られる標本はどうなるかを説明しなさい。

□4　単回帰モデルの直線と推定された直線の違いを説明しなさい。

□5　決定係数を，言葉で解釈しなさい。

《調べてみよう》

日々の気温の変化は電力の需要に大きな影響を与えます。電力会社のウェブサイトから日々の電力需要量のデータを取得し，同じ期間の日々の平均気温のデータを取得したうえで，平均気温が 1 度上昇したときに電力需要が何万キロワット増加あるいは減少するかを，回帰分析を用いて調べてみましょう。また，この回帰分析は電力需要量の変動のうちどの程度を説明していますか。

《Exercises》

問1　次の回帰直線

$$Y=2.3+0.9X$$

につき，以下の問いに答えなさい。

(1) X の値が 10 増加した場合の Y の変化分を求めなさい。

(2) X の値が 4 減少したときの Y の変化分を求めなさい。

(3) X の値が 0 であるときの Y の値を求めなさい。

(4) X の値が 1000 であるときの Y の値を求めなさい。

問2　X をあるレストランの 1 日あたりの客数，Y を 1 日あたり注文されたワインの本数とするとき，n 日分のデータを集計したところ次のようになった。

$$\frac{1}{n}\sum_{i=1}^{n}X_i=30 \qquad \frac{1}{n}\sum_{i=1}^{n}Y_i=10$$

$$\frac{1}{n-1}\sum_{i=1}^{n}(X_i-\bar{X})^2=300 \qquad \frac{1}{n-1}\sum_{i=1}^{n}(X_i-\bar{X})(Y_i-\bar{Y})=60$$

以下の問いに答えなさい。

(1) 単回帰モデル

$$Y_i=\beta_0+\beta_1X_i+U_i$$

の係数 β_0 および β_1 の最小二乗推定値を求めなさい。

(2) 推定された係数を言葉で解釈しなさい。係数 β_0 につき，意味のある解釈ができるかを答えなさい。

(3) 50 人の客がいる日のワインの注文本数の期待値を答えなさい。

問3　ある競技場周辺の 8 つの駐車場における利用台数（台）と駐車料金（円）のデータを用いて，以下の問いに答えなさい。

利用台数（台）	420	380	350	400	440	380	450	420
駐車料金（円）	550	600	650	600	500	650	450	500

(1) データをプロットし，利用台数を被説明変数，駐車料金を説明変数とする単回帰モデルの切片と傾きを最小二乗法により推定しなさい。

(2) 駐車料金を 100 円上げたとき，平均利用台数はどのように変化するかを説明しなさい。

問4　最小二乗法により推定された回帰モデル

$$Y_i = \hat{\beta}_0 + \hat{\beta}_1 X_i + \hat{U}_i$$

につき，以下の問いに答えなさい。

(1) $\hat{\beta}_0$ の表現を用いて，次の式が成り立つことを示しなさい。

$$\hat{U}_i = Y_i - \bar{Y} - \hat{\beta}_1 (X_i - \bar{X})$$

(2) (1) の結果を用いて，次の式が成り立つことを示しなさい。

$$\sum_{i=1}^{n} \hat{U}_i = 0$$

(3) (1) の結果と $\hat{\beta}_1$ の表現を用いて，次の式が成り立つことを示しなさい。

$$\sum_{i=1}^{n} \hat{U}_i^2 = \sum_{i=1}^{n} (Y_i - \bar{Y})^2 - \hat{\beta}_1^2 \sum_{i=1}^{n} (X_i - \bar{X})^2$$

(4) (1) の結果を用いて，次の式が成り立つことを示しなさい。

$$\hat{Y}_i - \bar{Y} = \hat{\beta}_1 (X_i - \bar{X})$$

(5) (3) と (4) を用いて，次の関係が成り立つことを示しなさい。

全変動＝回帰変動＋残差二乗和

(6) (1) の結果と $\hat{\beta}_1$ の表現を用いて，次の式が成り立つことを示しなさい。

$$\sum_{i=1}^{n} \hat{U}_i (X_i - \bar{X}) = 0$$

(7) (4) を用いて，次の式が成り立つことを示しなさい。

$$R^2 = \hat{\beta}_1^2 \frac{\sum_{i=1}^{n} (X_i - \bar{X})^2}{\sum_{i=1}^{n} (Y_i - \bar{Y})^2}$$

(8) (7) の結果を用いて，決定係数 R^2 が X と Y の標本相関係数の二乗となることを示しなさい。

（解答は，本書サポートページを参照。）

第 14 講 回帰分析（2）

■本講では，回帰モデルの係数について推測統計の手法を用いることで，回帰分析からより正確な情報を引き出します。まず，係数の最小二乗推定量の抽出分布を説明し，それらを用いて係数の推定と仮説検定を行います。

14.1 係数推定量の抽出分布

本節では，まず回帰モデルの係数について推測統計の手法を用いるために，最小二乗推定量の抽出分布を考えます。

■ 回帰モデルの統計的仮定

回帰モデルに，次の統計的仮定を置きます。

仮定 14–1　X_i，$i=1,\ldots,n$ は確定値である。

仮定 14–2　誤差項 U_i，$i=1,\ldots,n$ は，独立で同一の平均が 0 で分散が σ^2 の正規分布に従う。

■ 最小二乗推定量の期待値と分散

これらの統計的仮定の下で，傾きと切片の最小二乗法による推定量の平均と分散を導きます。そのために，推定量を「真の係数」とそれ以外の「確率的な項」に分けた**確率的表現**を導出します。（詳しい導出は，本講末の補論を参照してください。）

$$\hat{\beta}_1 = \beta_1 + \frac{\sum_{i=1}^{n}(X_i - \bar{X})U_i}{\sum_{i=1}^{n}(X_i - \bar{X})^2}$$

$$\hat{\beta}_0 = \beta_0 - (\hat{\beta}_1 - \beta_1)\bar{X} + \bar{U}$$

この確率的表現を用いると，次のようにそれぞれの推定量の期待値と分散を得ることができます。

$$E(\hat{\beta}_1) = \beta_1,\quad V(\hat{\beta}_1) = \frac{\sigma^2}{\sum_{i=1}^{n}(X_i - \bar{X})^2}$$

$$E(\hat{\beta}_0) = \beta_0,\quad V(\hat{\beta}_0) = \frac{\sigma^2 \sum_{i=1}^{n} X_i^2}{n\sum_{i=1}^{n}(X_i - \bar{X})^2}$$

なお，分散の導出はやや複雑になりますので，本講末の《*Exercises*》の問 6 で導出します。

このように，回帰モデルにおける係数の最小二乗推定量は，期待値がそのパラメータの真の値と等しく，不偏性を満すことがわかります。

また，推定量の標準偏差（標準誤差）は分散の平方根をとったもので，以下のようになります。

$$\sigma_{\hat{\beta}_1} = \sqrt{\frac{\sigma^2}{\sum_{i=1}^{n}(X_i - \bar{X})^2}}$$

$$\sigma_{\hat{\beta}_0} = \sqrt{\frac{\sigma^2 \sum_{i=1}^{n} X_i^2}{n\sum_{i=1}^{n}(X_i - \bar{X})^2}}$$

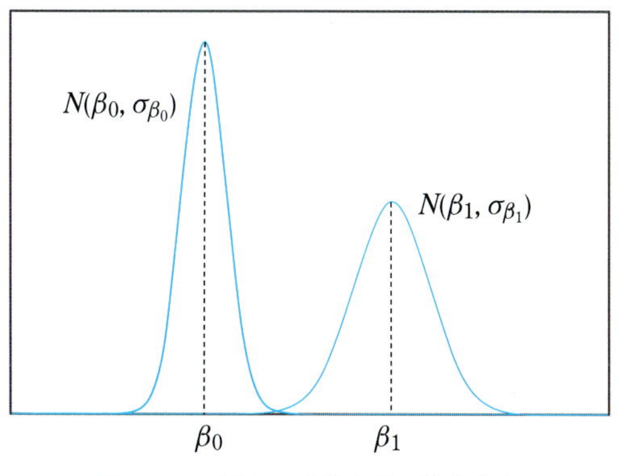

図 14–1　**最小二乗推定量の抽出分布**

■ 最小二乗推定量の抽出分布

仮定 14–2 により誤差項 U_i が正規分布に従いますので，それらの和で計算される推定量も，図 14–1 のように正規分布に従うことがわかります。もし，誤差項が正規分布に従っていないとしても，標本数 n が充分に大きければ，**第 7 講**で説明した中心極限定理を用いることにより，係数の推定量は正規分布で近似されます。

14.2　最小二乗推定量の望ましい性質

抽出分布を用いると，**第 7 講**で学んだような最小二乗推定量の点推定量としての性質を調べることができます。不偏性を満たすことは前節で確認しましたが，本節では，多くの推定量の中で最小二乗推定量が望ましい性質を持つことを紹介します。

●ガウス・マルコフの定理

仮定 14–1 と仮定 14–2 の下で，係数の最小二乗推定量は，不偏性を満たすあらゆる線形推定量の中で最小の分散を持つ。

なお，線形推定量とは標本 $Y_1, Y_2, \cdots, Y_n$ が得られたとき，それらの線形結合（和および定数との積）で計算される推定量です。例えば，定数列 $c_1, c_2, \cdots, c_n$ を用いて

$$\sum_{i=1}^{n} c_i Y_i$$

と表されるような推定量のことをいいます。最小二乗推定量もこのような推定量の一つです。

この意味で，最小二乗推定量は最良線形不偏推定量あるいは英語での表記 Best Linear Unbiased Estimator の頭文字をとって BLUE といわれることがあります。なお，「最良」は最小の分散を持つということを意味します。

14.3 係数の区間推定

最小二乗推定量の抽出分布を用いると，係数についての区間推定や仮説検定を行うことができます。本節では，区間推定を説明します。

■ 誤差項の分散が既知の場合

第 8 講のように，まず誤差項の母分散 σ^2 を既知とします。最小二乗推定量 $\hat{\beta}_1$ は平均 β_1 で標準偏差が $\sigma_{\hat{\beta}_1}$ の正規分布に従いますので，標準化した統計量

$$\frac{\hat{\beta}_1 - \beta_1}{\sigma_{\hat{\beta}_1}}$$

は標準正規分布に従います。よって，信頼水準を $1-\alpha$ として，次の式が成り立ちます。

$$P\left(z_{1-\alpha/2} \leq \frac{\hat{\beta}_1 - \beta_1}{\sigma_{\hat{\beta}_1}} \leq z_{\alpha/2}\right) = 1-\alpha$$

ここで，**第 8 講**で行った導出を思い出すと

$$P(\hat{\beta}_1 - z_{\alpha/2}\sigma_{\hat{\beta}_1} \leq \beta_1 \leq \hat{\beta}_1 + z_{\alpha/2}\sigma_{\hat{\beta}_1}) = 1-\alpha$$

という関係を得ることができます。このことから，係数の $100(1-\alpha)\%$ 信頼区間は，次のようにまとめることができます。

●係数の信頼区間（分散が既知の場合）

仮定 14-1 と仮定 14-2 の下で，傾き β_1 の $100(1-\alpha)\%$ 信頼区間は

$$\left[\hat{\beta}_1 - z_{\alpha/2}\sigma_{\hat{\beta}_1},\ \hat{\beta}_1 + z_{\alpha/2}\sigma_{\hat{\beta}_1}\right]$$

切片 β_0 の $100(1-\alpha)\%$ 信頼区間は

$$\left[\hat{\beta}_0 - z_{\alpha/2}\sigma_{\hat{\beta}_0},\ \hat{\beta}_0 + z_{\alpha/2}\sigma_{\hat{\beta}_0}\right]$$

となる。

■ 誤差項の分散が未知の場合

最小二乗推定量の分散には，誤差項の分散 σ^2 が含まれますので，実際には計算することができません。そこで，誤差項の分散をその不偏分散

$$s^2 = \frac{1}{n-2}\sum_{i=1}^{n}\hat{U}_i^2$$

で置き換えることを考えます。なお，単回帰モデルの残差二乗和の自由度が $n-2$ であることは，**第 15 講**で説明します。

このように，誤差項の標準偏差を推定値で置き換えた係数推定量の標準誤差を，以下では $s_{\hat{\beta}_1}$ および $s_{\hat{\beta}_0}$ で表します。

$$s_{\hat{\beta}_1} = \sqrt{\frac{s^2}{\sum_{i=1}^{n}(X_i-\bar{X})^2}}$$

$$s_{\hat{\beta}_0} = \sqrt{\frac{s^2\sum_{i=1}^{n}X_i^2}{n\sum_{i=1}^{n}(X_i-\bar{X})^2}}$$

ここで，誤差項の標準偏差の推定値 s を回帰式の標準誤差と呼ぶことがあります。

第 8 講での説明と同様に，標準誤差を用いて標準化した係数推定量

$$\frac{\hat{\beta}_1 - \beta_1}{s_{\hat{\beta}_1}}$$

は，標準正規分布ではなく，自由度 $n-2$ の t 分布に従います。その結果，係数の信頼区間は，次のようにまとめることができます。

●POINT14–1　係数の信頼区間

仮定 14–1 と仮定 14–2 の下で，傾き β_1 の $100(1-\alpha)$% 信頼区間は

$$[\hat{\beta}_1 - t_{n-2,\alpha/2} s_{\hat{\beta}_1},\ \hat{\beta}_1 + t_{n-2,\alpha/2} s_{\hat{\beta}_1}]$$

切片 β_0 の $100(1-\alpha)$% 信頼区間は

$$[\hat{\beta}_0 - t_{n-2,\alpha/2} s_{\hat{\beta}_0},\ \hat{\beta}_0 + t_{n-2,\alpha/2} s_{\hat{\beta}_0}]$$

となる。

例：第 13 講で扱った貯蓄率の単回帰モデルの係数推定量の標準誤差は

$$s_{\hat{\beta}_0} = 0.42 \quad \text{および} \quad s_{\hat{\beta}_1} = 0.04$$

となります。これを用いると，係数の 95% 信頼区間は

傾き：$[0.01, 0.17]$

切片：$[0.57, 2.25]$

となります。具体的には，第 5 節で Excel を用いて行います。

14.4 係数の仮説検定

本節では，係数についての仮説検定を傾き β_1 を例にとって説明します。また，誤差項の分散が未知である場合のみを説明します。

手順 1　帰無仮説と対立仮説を

$$H_0: \beta_1 = 0$$
$$H_1: \beta_1 \neq 0$$

とする両側検定を考えます。このように，説明変数が被説明変数に影響を与えているか否かを知りたい場合には，帰無仮説を $\beta_1 = 0$ とします。一方で，例えば高齢化率の 1% 増加が貯蓄率を期待値として 0.1% 押し上げるか，のように具体的な係数な値をとるか否かに興味がある場合は，帰無仮説を $\beta_1 = 0.1$ とすることもできます。

手順 2　有意水準 α は，これまでのように例えば $\alpha = 0.05$ とします。

手順 3　検定統計量は，最小二乗推定量から帰無仮説の値を引き，係数の標準誤差で割った t 検定統計量

$$t = \frac{\hat{\beta}_1 - 0}{s_{\hat{\beta}_1}}$$

を用います。前節でみたように，この統計量は，帰無仮説の下で自由度 $n-2$ の t 分布に従います。

手順 4　棄却域あるいは p 値を用いて結論します。なお，具体的な方法は**第 10 講**で説明した母平均の仮説検定と同様ですので，そちらを参照してください。

手順 1 と **手順 4** を適切に修正することで，片側検定を行うこともできます。さらに，傾きではなく切片に興味がある場合は，係数推定量 $\hat{\beta}_0$ と標準誤差 $s_{\hat{\beta}_0}$ を用いて t 検定統計量を計算することで，同様に仮説検定を行うことができます。

●POINT14–2　単回帰モデルの係数の仮説検定

仮定 14–1 と仮定 14–2 の下で，帰無仮説と対立仮説を

$$H_0 : \beta_1 = 0$$

$$H_1 : \beta_1 \neq 0$$

とする。帰無仮説の下で t 検定統計量は

$$t = \frac{\hat{\beta}_1}{s_{\hat{\beta}_1}} \sim t_{n-2}$$

となる。標本から計算される検定統計量が棄却域に入るか，p 値が有意水準より小さければ，H_0 を棄却する。なお，β_0 についても $\hat{\beta}_0$ と $s_{\hat{\beta}_0}$ を用いて，同様に行うことができる。

例： 貯蓄率の単回帰モデルにつき，係数がゼロと等しい両側検定を有意水準 5%で行います。t 検定統計量は，それぞれ

$$傾き：t = \frac{\hat{\beta}_1}{s_{\hat{\beta}_1}} = \frac{0.09}{0.04} = 2.31$$

$$切片：t = \frac{\hat{\beta}_0}{s_{\hat{\beta}_0}} = \frac{1.41}{0.42} = 3.36$$

となります。自由度が $n-2=50-2=48$ の t 分布を用いて p 値を求めると，それぞれ 0.03 と 0.00 となりますので，帰無仮説は棄却され，いずれの係数も有意水準 5%でゼロと異なると結論されます。具体的な計算は，第 5 節で Excel を用いて行います。

14.5　Excel を用いた回帰分析（関数入力による方法）

本節では，Excel を用いて回帰分析を行います。回帰分析を行うには，関数機能を用いる方法とデータ分析ツールを用いる方法があります。本講では前者を行い，**第 15 講**で後者を紹介します。

	A	B	C	D	E	F	G	H	I
1			高齢化率(X)	貯蓄率(Y)	残差	予測値		回帰分析	
2	1	オーストラリア	2.87	11.43				標本数	
3	2	オーストリア	4.41	12.07				係数（傾き）	
4	3	ベルギー	4.43	13.17				係数（切片）	
5	4	ボリビア	1.67	5.75					
6	5	ブラジル	0.83	12.88				決定係数	
7	6	カナダ	2.85	8.79				R	
8	7	チリ	1.34	0.60					
9	8	中国	0.67	11.90				標準誤差（回帰）	
10	9	コロンビア	1.06	4.98				標準誤差（傾き）	
11	10	コスタリカ	1.14	10.78				標準誤差（切片）	
12	11	デンマーク	3.93	16.85					
13	12	エクアドル	1.19	3.59				t（傾き）	
14	13	フィンランド	2.37	11.24				t(切片)	
15	14	フランス	4.70	12.64				p値（傾き）	
16	15	ドイツ	3.35	12.55				p値（切片）	
17	16	ギリシア	3.10	10.67					
18	17	グアテマラ	0.87	3.01				信頼区間上限（傾き）	
19	18	ホンジュラス	0.58	7.70				信頼区間下限（傾き）	
20	19	アイスランド	3.08	1.27					
21	20	インド	0.96	9.00				信頼区間上限（切片）	
22	21	アイルランド	4.19	11.34				信頼区間下限（切片）	
23	22	イタリア	3.48	14.28					
24	23	日本	1.91	21.10				※信頼区間は95%水準。	

図 14–2　Excel を用いた回帰分析（関数入力）

具体的には，貯蓄率の単回帰モデルを例にとり，係数の最小二乗推定値，決定係数，係数の信頼区間，t 検定統計量を計算します。図 14–2 の C 列と D 列には，高齢化率（説明変数 X）と貯蓄率（被説明変数 Y）が入力されています。

このデータを用いて，I 列に標本数，係数の推定値（傾きおよび切片），決定係数，標準誤差（傾き），t 検定統計量（傾き）およびその p 値，信頼区間を求めます。なお，切片についての t 検定統計量と信頼区間はみなさんへの練習問題に残します。

まず，標本数と係数の最小二乗推定値を以下のように求めます。

標本数　　　=count(C2:C51)

係数（傾き）=covariance.p(C2:C51,D2:D51)/var.p(C2:C51)

係数（切片）=average(D2:D51)-I3*average(C2:C51)

次に，それらを用いて列 E および列 F に残差と予測値を計算します。残差はセル E2 に，予測値はセル F2 にそれぞれ次を入力します。

残差　=D2-$I$4-$I$3*C2

予測値=$I$4+$I$3*C2

なお，計算式にある［$］は**絶対参照**といわれるもので，この計算式の入ったセルをドラッグしても，絶対参照記号の後のアルファベットや数字は動かないようになります。その後，残差と予測値のそれぞれのセルを第 51 行まで下方にドラッグすることで，それぞれの月における残差と予測値が計算されます。

さて，I の列に戻り，決定係数および標準誤差について，本講で学んだ結果を次のように入力します。

決定係数　　　　=1-var.p(E2:E51)/var.p(D2:D51)

標準誤差（回帰）=sqrt(var.p(E2:E51)*I2/(I2-2))

標準誤差（傾き）=I9/sqrt(var.p(C2:C51)*I2)

最後に，係数の値がゼロである帰無仮説に対する t 検定統計量と 95%信頼区間は

t 検定統計量（傾き）=I3/I10

p 値（傾き）　　　　=t.dist(-abs(I13),I2-2,2)

信頼区間上限（傾き）=I3+t.inv(0.975,I3-2)*I9

信頼区間下限（傾き）=I3-t.inv(0.975,I3-2)*I9

となります。

補論　確率的表現の導出

まず，$\hat{\beta}_1$ の確率的表現を導きます。

$$Y_i = \beta_0 + \beta_1 X_i + U_i$$

と，両辺の平均をとった

$$\bar{Y} = \beta_0 + \beta_1 \bar{X} + \bar{U}$$

の差をとると

$$Y_i - \bar{Y} = \beta_1 (X_i - \bar{X}) + (U_i - \bar{U})$$

となります。これを

$$\hat{\beta}_1 = \frac{\sum_{i=1}^{n}(X_i - \bar{X})(Y_i - \bar{Y})}{\sum_{i=1}^{n}(X_i - \bar{X})^2}$$

に代入すると

$$\hat{\beta}_1 = \beta_1 \frac{\sum_{i=1}^{n}(X_i - \bar{X})^2}{\sum_{i=1}^{n}(X_i - \bar{X})^2} + \frac{\sum_{i=1}^{n}(X_i - \bar{X})(U_i - \bar{U})}{\sum_{i=1}^{n}(X_i - \bar{X})^2}$$

$$= \beta_1 + \frac{\sum_{i=1}^{n}(X_i - \bar{X})U_i}{\sum_{i=1}^{n}(X_i - \bar{X})^2} - \frac{\sum_{i=1}^{n}(X_i - \bar{X})\bar{U}}{\sum_{i=1}^{n}(X_i - \bar{X})^2}$$

となります。ここで，右辺の第 3 項目の分子は

$$\sum_{i=1}^{n}(X_i - \bar{X})\bar{U} = \sum_{i=1}^{n} X_i \bar{U} - n\bar{X}\bar{U}$$

$$= n\bar{X}\bar{U} - n\bar{X}\bar{U} = 0$$

となり，第 1 節で紹介した $\hat{\beta}_1$ の確率的表現が得られます。

次に，$\hat{\beta}_0$ の確率的表現は

$$\hat{\beta}_0 = \bar{Y} - \hat{\beta}_1 \bar{X}$$

に

$$\bar{Y} = \beta_0 + \beta_1 \bar{X} + \bar{U}$$

を代入して

$$\hat{\beta}_0 = \beta_0 + \beta_1 \bar{X} + \bar{U} - \hat{\beta}_1 \bar{X}$$

を整理することで得られます。

■ Active Learning

《理解度チェック》

□1　回帰モデルの2つの統計的仮定を説明しなさい。

□2　回帰モデルの2つの統計的仮定の下で，係数の最小二乗推定量が不偏性を満たすかを説明しなさい。

□3　ガウス・マルコフの定理は，最小二乗法がどのように望ましいといっているかを正確に説明しなさい。

□4　標本数 n が増加すると，回帰モデルの傾き係数の信頼区間の大きさはどう変わるかを述べなさい。なお，他の推定値の値は変化しないとする。

□5　回帰モデルの傾き係数の推定値が2.0で，標準誤差が1.0であった場合，傾き係数が0である帰無仮説を検定する t 検定統計量を求めなさい。

《調べてみよう》

第13講で得られた電力需要量と平均気温の単回帰分析の結果を用いて，実際に平均気温が電力需要に影響を与えるかを，仮説検定を用いて検証してみましょう。また，夏季のみのデータを用いた場合と冬季のみのデータを用いた場合で，仮説検定の結果がどのように変わるかを説明してみましょう。

《Exercises》

問1　単回帰モデルの標本数 n および傾きの最小二乗推定量 $\hat{\beta}_1$ とその標準誤差 $s_{\hat{\beta}_1}$ が以下で与えられているとき，傾き β_1 の95%信頼区間を求めなさい。なお，仮定14-1と仮定14-2は満たされているとします。

（1）$n = 48$，$\hat{\beta}_1 = 6.9$，$s_{\hat{\beta}_1} = 4.6$

(2) $n=30$, $\hat{\beta}_1=12.8$, $s_{\hat{\beta}_1}=4.2$
(3) $n=120$, $\hat{\beta}_1=0.03$, $s_{\hat{\beta}_1}=0.01$

問 2　問 1 のそれぞれのケースにおいて，誤差項の分散が既知（推定されたものと等しい）とすると，傾き β_1 の 95%信頼区間はどのように変わるかを説明しなさい。

問 3　問 1 のそれぞれのケースにおいて，仮説

$$H_0：\beta_1=0$$
$$H_1：\beta_1\neq 0$$

についての仮説検定を有意水準 5%を用いて行いなさい。

問 4　ある自動車販売店の 5 日間の来客人数と販売台数が以下で与えられている。来客人数を説明変数，販売台数を被説明変数とする回帰分析につき，次の問いに答えなさい。なお，仮定 14–1 と仮定 14–2 は満たされているとする。

来客人数（X）	20	8	12	21	14
販売台数（Y）	5	1	3	7	9

(1) 誤差項の標準偏差の推定値を求めなさい。
(2) 傾き係数の 95%信頼区間を求めなさい。
(3) 傾き係数についての仮説

$$H_0：\beta_1=0$$
$$H_1：\beta_1\neq 0$$

を有意水準 5%を用いて行いなさい。なお，結論は棄却域を用いる方法と p 値を用いる方法の両方で答えなさい。

問 5　以下の回帰分析結果は，あるプロ野球チームの打者 27 人の打率を説明変数（X），翌年度の年俸（単位：万円）を被説明変数（Y）として回帰分析を行った結果である。なお，仮定 14–1 と仮定 14–2 が満たされており，係数推定値の下の括弧には標準誤差が記されている。

$$\hat{Y}_i = -\underset{(27.0)}{31.7} + \underset{(118.1)}{547.0}X_i$$

$$R^2=0.25$$

$$s=87.4$$

(1) 打率が 0.20 から 0.30 に上昇した場合，翌年の年俸増加額の 95%信頼区間を求めなさい。

(2) 打率が 0.25 から 0.20 に低下した場合，翌年の年俸増加額の 95%信頼区間を求めなさい。

(3) 打率の変化が翌年の年俸に影響するかにつき，有意水準 5%を用いて仮説検定を行いなさい。

(4) 打率がゼロであった打者は翌年の年俸がゼロとなるかにつき，有意水準 5%を用いて仮説検定を行いなさい。

問 6　第 1 節で紹介した確率的表現を用いて，仮定 14–1 と仮定 14–2 の下で $\hat{\beta}_1$ の分散と $\hat{\beta}_0$ の分散がそれぞれ次のようになることを示しなさい。

$$V(\hat{\beta}_1) = \frac{\sigma^2}{\sum_{i=1}^{n}(X_i - \bar{X})^2}$$

$$V(\hat{\beta}_0) = \frac{\sigma^2 \sum_{i=1}^{n} X_i^2}{n \sum_{i=1}^{n}(X_i - \bar{X})^2}$$

(解答は，本書サポートページを参照。)

第 15 講　回帰分析（3）

■回帰分析では，モデルに複数の説明変数を用いることができ，これを特に重回帰モデルと呼びます。本講では，重回帰モデルを用いた分析手法とその有用性について説明します。

15.1　重回帰モデル

現実には，被説明変数に影響を与える要因が複数あることが考えられます。回帰分析では，複数（k 個とします）の説明要因を $X_1, \ldots, X_k$ と表し，図 15–1 のようにそれらが同時に被説明変数 Y に影響を与えている場合，それぞれの説明変数の直接的な効果を考えることができます。

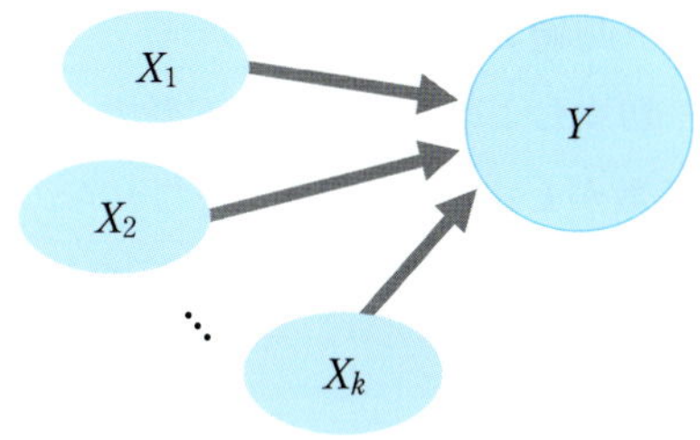

図 15–1　複数の説明要因

重回帰モデル

説明変数が複数ある回帰モデル

$$Y = \beta_0 + \beta_1 X_1 + \cdots + \beta_k X_k + U$$

を**重回帰モデル**と呼びます。なお，ここでの説明変数の下付き添え字は，異なる「変数」を表します。よって，例えば変数 X_1 について標本として得られるデータは，下付き添え字を 2 つ用いて，$X_{1,1}, X_{1,2}, \ldots, X_{1,n}$ と表します。

例：表 15–1 は，表 13–1 のデータに 3 つの変数「年少人口率（15 歳未満人口比率）」，「可処分所得」，「可処分所得成長率」を加えたものです。一国の貯蓄率は，高齢化率以外の様々な要因に影響されると考えられます。例えば，年少人口率の高い国では，働いて所得を得ている人の割合は低くなりますので，貯蓄率は低くなると考えられます。

そこで，貯蓄率を説明するための説明変数として「高齢化率」と「年少人口率」を用いた重回帰モデルを考えます。X_1 を高齢化率，X_2 を年少人口率とすると，第 1 観測値であるオーストラリアの値は，$X_{1,1} = 2.87$ および $X_{2,1} = 29.35$ となります。また，第 2 観測値であるオーストリアの値は，$X_{1,2} = 4.41$ および $X_{2,2} = 23.32$ です。第 3 観測値であるベルギーの値は，$X_{1,3} = 4.43$ および $X_{2,3} = 23.80$ となります。

最小二乗推定量，予測値および残差

重回帰モデルには，切片および k 個の説明変数のそれぞれに傾き係数がありますので，未知の係数が $k+1$ 個あります。これらの係数は，単回帰分析と同様に最小二乗法を用いて推定することができます。具体的には，残差の二乗和

$$\sum_{i=1}^{n} (Y_i - b_0 - b_1 X_{1,i} - \cdots - b_k X_{k,i})^2$$

を最小にする $b_0, \ldots, b_k$ の値を求めればよいわけです。具体的な数式表現は紙面の都合上省略しますが，Excel を用いて求めることができます。

表 15–1　貯蓄率データ

	貯蓄率 (%)	高齢化率 (%)	年少人口率 (%)	可処分所得 (米ドル/人)	可処分所得成長率 (%/年)
オーストラリア	11.43	2.87	29.35	2329.68	2.87
オーストリア	12.07	4.41	23.32	1507.99	3.93
ベルギー	13.17	4.43	23.80	2108.47	3.82
ボリビア	5.75	1.67	41.89	189.13	0.22
ブラジル	12.88	0.83	42.19	728.47	4.56
カナダ	8.79	2.85	31.72	2982.88	2.43
チリ	0.60	1.34	39.74	662.86	2.67
中国	11.90	0.67	44.75	289.52	6.51
コロンビア	4.98	1.06	46.64	276.65	3.08
コスタリカ	10.78	1.14	47.64	471.24	2.80
⋮	⋮	⋮	⋮	⋮	⋮
ジャマイカ	7.72	1.73	41.12	380.47	10.23
ウルグアイ	9.24	2.72	28.13	766.54	1.88
リビア	8.89	2.07	43.69	123.58	16.71
マレーシア	4.71	0.66	47.20	242.69	5.08

最小二乗推定量 $\hat{\beta}_0, \ldots, \hat{\beta}_k$ が得られたら，k 個の説明変数の値が与えられた場合の被説明変数 Y_i の予測値と残差はそれぞれ次のようになります。

$$\hat{Y}_i = \hat{\beta}_0 + \hat{\beta}_1 X_{1,i} + \cdots + \hat{\beta}_k X_{k,i}$$

$$\begin{aligned}\hat{U}_i &= Y_i - \hat{\beta}_0 - \hat{\beta}_1 X_{1,i} - \cdots - \hat{\beta}_k X_{k,i} \\ &= Y_i - \hat{Y}_i\end{aligned}$$

例の計算：貯蓄率の重回帰モデルを最小二乗法で推定した結果は，次のようになります。

$$\underset{(7.41)}{\hat{Y}_i = 30.6} - \underset{(1.04)}{1.93}X_{1,i} - \underset{(0.15)}{0.47}X_{2,i}$$

なお，係数の推定値の下の括弧には，**第 14 講**で学んだ係数推定量の標準誤差を表しています。

■ 決 定 係 数

重回帰分析でも決定係数を用いて回帰モデルのあてはまりのよさを表すことができます。決定係数は，単回帰モデルの場合と同様に

$$R^2 = \frac{\text{回帰変動}}{\text{全変動}} = 1 - \frac{\text{残差二乗和}}{\text{全変動}}$$

となります。ここで，単回帰分析と同じく

$$\text{全変動} = \sum_{i=1}^{n} (Y_i - \bar{Y})^2$$

$$\text{回帰変動} = \sum_{i=1}^{n} (\hat{Y}_i - \bar{Y})^2$$

$$\text{残差二乗和} = \sum_{i=1}^{n} \hat{U}_i^2$$

と定義すると

$$\text{全変動} = \text{回帰変動} + \text{残差二乗和}$$

が成立します。

■ 説明変数の数と決定係数の関係

全変動は回帰分析の結果に影響されませんので，説明変数が増えても変わりません。一方，説明変数を追加すると回帰変動は必ず増加し，決定係数は上昇します。

例の計算：貯蓄率の重回帰分析では，全変動が 983.63 であるのに対し，説明変数として高齢化率に年少人口率を加えることで，回帰変動は 98.55 から 257.46 へ増加しました。それを受けて，決定係数は 0.32 から 0.52 へ増加し

ました。しかし，新たに追加した年少人口率に本当に説明力があるかについては，決定係数だけからは判断できません。

15.2 係数の解釈

説明変数を追加すると，元の回帰分析に含まれていた説明変数の係数の推定値も変化します。**第 13 講**でみたように，高齢化率のみを説明変数とする単回帰モデルでは係数推定値は 1.01 と正の値でしたが，「年少人口率」を説明変数に加えると，「高齢化率」の係数推定値は −1.93 と負の値になります。高齢者は比較的貯蓄をする動機が小さいことを考えると，重回帰モデルで得られた負の係数の方が妥当なように思われます。

実は，回帰モデルの係数の解釈は，その説明変数の他に含まれる説明変数により変わります。具体的には，重回帰モデルでの傾き係数（例えば β_j）の解釈は次のようになります。

> **●POINT15–1　重回帰モデルの傾き係数の解釈**
>
> 重回帰モデルの係数 $\beta_j (j = 1, \ldots, k)$ は，説明変数 X_j の値が 1 単位増加し，他の説明変数の値が変わらないときの，被説明変数 Y の増加分の期待値を表す。

図 15–2 は 2 つの要因 X_1 と X_2 が Y に影響を与える場合に，2 つの回帰モデルで係数 β_1 の効果を比べたものです。X_1 のみが含まれている単回帰モデルでは，図 15–2（左図）のように，β_1 は①と②の矢印の合計になります。一方，X_1 と X_2 の両方が含まれる重回帰モデルでは，図 15–2（右図）のように，β_1 は①の矢印の効果のみを表します。また，X_1 と X_2 の関係が強い場合や，X_2 が Y に与える影響が大きい場合には，単回帰分析と重回帰分析で得られる推定値の違いは大きくなります。

このように，適切な重回帰分析を用いることで，ある説明変数が被説明変数に与える純粋な効果を推定することができます。これを，他の説明変数を

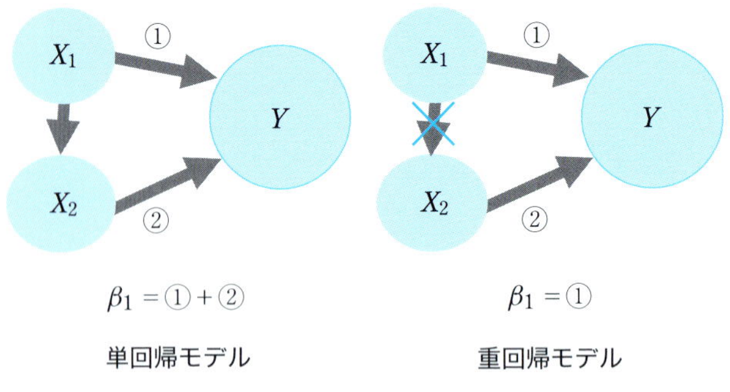

図 15–2　重回帰モデルの係数の解釈

コントロールした上での効果と呼びます。

例の計算：貯蓄率の重回帰分析結果からは，年少人口率をコントロールした上で，高齢化率が1%増加すると，貯蓄率は期待値として1.93%低下することがわかります。

15.3 係数の信頼区間と仮説検定

本節では，重回帰モデルの係数についての信頼区間と仮説検定を説明します。そのために，仮定 14–1 および仮定 14–2 が成り立つとします。仮定 14–1 は説明変数についての仮定ですが，重回帰モデルの全ての説明変数について成り立つとします。

■ 信頼区間

標準化した係数推定量は自由度 $n-k-1$ の t 分布に従います。つまり

$$\frac{\hat{\beta}_j-\beta_j}{s_{\hat{\beta}_j}} \sim t_{n-k-1}$$

です。このことから，係数 β_j の $100(1-\alpha)\%$ 信頼区間について，t 分布の自

由度が異なる以外は，**第 14 講**で説明した単回帰モデルと同様に次のことがいえます。

●POINT15–2　重回帰モデルの係数の信頼区間

仮定 14–1 と仮定 14–2 の下で，傾き β_j の $100(1-\alpha)\%$ 信頼区間は

$$[\hat{\beta}_j - t_{n-k-1,\alpha/2}s_{\hat{\beta}_j},\ \hat{\beta}_j + t_{n-k-1,\alpha/2}s_{\hat{\beta}_j}]$$

となる。

■ 個別係数の仮説検定

ある係数 β_j についての仮説

$$H_0 : \beta_j = 0$$

$$H_1 : \beta_j \neq 0$$

についての仮説検定は，t 検定統計量

$$t = \frac{\hat{\beta}_j - 0}{s_{\hat{\beta}_j}}$$

を用います。この検定統計量は帰無仮説の下では，自由度 $n-k-1$ の t 分布に従いますので，自由度が異なる以外は，**第 14 講**の単回帰モデルと同様の手法で棄却域および p 値を求めることができます。

●POINT15–3　重回帰モデルの係数の仮説検定

仮定 14–1 と仮定 14–2 の下で，帰無仮説と対立仮説を

$$H_0 : \beta_j = 0$$

$$H_1 : \beta_j \neq 0$$

とする。帰無仮説の下で t 検定統計量は

$$t = \frac{\hat{\beta}_j}{s_{\hat{\beta}_j}} \sim t_{n-k-1}$$

となる。標本から計算される検定統計量が棄却域に入るか，p 値が有意水準より小さければ，H_0 を棄却する。

例の計算：貯蓄率の重回帰モデルにおいて，高齢化率の係数がゼロに等しい帰無仮説を検定します。t 検定統計量は

$$t = \frac{-1.93}{1.04} = -1.86$$

となり，帰無仮説の下で自由度が $50-2-1=47$ の t 分布に従います。よって，p 値は

$$p\text{値} = P(t_{47} \leq -1.86) + P(t_{47} \geq 1.86) = 0.069$$

となり（=2*t.dist(−1.86,47,1)），帰無仮説は有意水準 10％では棄却されます。つまり，年少人口率をコントロールすると，高齢化率は有意水準 10％で貯蓄率に影響を与えることがわかります。

■ 複数の係数の同時検定

重回帰分析では，個別の係数だけではなく，**第 12 講**の分散分析で行ったような複数の係数についての仮説

$$H_0 : \beta_1 = \beta_2 = \cdots = \beta_k = 0$$

を検定をすることもできます。この場合，対立仮説は

$$H_1 : \beta_1, \cdots, \beta_k \text{ のうちいずれかは } 0 \text{ でない}$$

となります。このように複数の係数を同時に検定することを，**同時検定**と呼びます。

同時検定の検定統計量には，分散分析と同様に変動を自由度で調整した不偏分散を比較する方法を用います。具体的には，重回帰モデルを最小二乗法で推定した残差二乗和を自由度で割ると，誤差項の分散 σ^2 の不偏推定量となります。また，帰無仮説の下で $\beta_1, \ldots, \beta_k$ が全て 0 である場合は，回帰変動をその自由度で割ったものも σ^2 の不偏推定量となることが知られています。そのため

$$\begin{aligned} F &= \frac{\text{回帰変動}/k}{\text{残差二乗和}/(n-k-1)} \\ &= \frac{(\text{全変動} - \text{残差二乗和})/k}{\text{残差二乗和}/(n-k-1)} \end{aligned}$$

として計算された F 検定統計量は，帰無仮説の下で自由度 k および $n-k-1$ の F 分布に従います。一方，帰無仮説が誤りで，$\beta_1, \ldots, \beta_k$ のうちのいずれ

かが 0 でなければ，分子の回帰変動が大きくなりますので，検定統計量は大きな値を取ることになります。そのため，F 分布の右側の裾を用いて，片側検定を行います。この検定の帰無仮説が棄却された場合は，回帰モデル全体として被説明変数を説明する力がある，と解釈することができます。

●POINT15-4　重回帰モデルの係数の同時検定

仮定 14-1 と仮定 14-2 の下で，帰無仮説と対立仮説を

$$H_0 : \beta_1 = \beta_2 = \cdots = \beta_k = 0$$

$$H_1 : \beta_1, \cdots, \beta_k \text{ のうちいずれかは 0 でない}$$

とする。帰無仮説の下で F 検定統計量は

$$F = \frac{\text{回帰変動}/k}{\text{残差二乗和}/(n-k-1)} \sim F_{k,n-k-1}$$

となる。標本から計算される検定統計量が $F_{k,n-k-1}$ の右裾で求められる棄却域に入るか，$F_{k,n-k-1}$ の右裾で求められる p 値が有意水準より小さければ，H_0 を棄却する。

例の計算：貯蓄率の重回帰モデルにおける F 検定統計量は 8.33 です。自由度 2 と 47 の F 分布を用いると，p 値は 0.00 となり，帰無仮説は棄却されます。よって，高齢化率と年少人口率の係数が両方ゼロであるという仮説は有意水準 1%で棄却され，貯蓄率の重回帰モデル全体として貯蓄率を説明する力がある，と解釈されます。

15.4　回帰分析における分散分析表

同時検定の考え方を分散分析表にまとめると，次のようになります。表 15-2 は回帰変動（回帰），残差二乗和（残差），全変動（合計）を各行にし，それぞれにつき自由度，変動および不偏分散を各列に表しています。このうち，「変動」の列にはそれぞれ回帰変動，残差二乗和，全変動が入ります。

「自由度」の列は，それぞれの変動の中で自由に動くことのできる変数の

表 15–2　回帰分析における分散分析表

	自由度	変　動	不偏分散
回　帰	k	回帰変動	$\dfrac{\text{回帰変動}}{k}$
残　差	$n-k-1$	残差二乗和	$\dfrac{\text{残差二乗和}}{n-k-1}$
合　計	$n-1$	全変動	$\dfrac{\text{全変動}}{n-1}$

表 15–3　貯蓄率の重回帰分析の分散分析表

	自由度	変　動	不偏分散
回　帰	2	257.46	128.73
残　差	47	726.17	15.45
合　計	49	983.63	20.07

数です。回帰変動の中の自由に動くことのできる変数 $(\hat{Y}_i-\bar{Y})$ の予測値 $\hat{Y}_i$ は $k+1$ 個の係数推定量 $\hat{\beta}_1,\ldots,\hat{\beta}_k$ からなるため，自由に動くことのできる変数は $k+1$ 個あります。しかしながら，それぞれから同じ標本で計算された標本平均 $\bar{Y}$ を引くことで中心化されていますので，回帰変動の自由度は k となります。残差二乗和の中には，自由に動くことのできる変数 $(Y_i-\hat{Y}_i)$ が n 個あります。しかしながら，それらから $k+1$ 個の推定量を用いて計算された予測値 $\hat{Y}_i$ を引くことで中心化していますので，残差二乗和の自由度は $n-k-1$ となります。全変動の中には，自由に動くことのできる変数 $(Y_i-\bar{Y})$ が n 個ありますが，それぞれから標本平均 $\bar{Y}$ を引くことで中心化されていますので，全変動の自由度は $n-1$ です。

「不偏分散」の列は，変動を自由度で割ったものです。重回帰分析の F 検定統計量は，回帰変動の不偏分散と残差の不偏分散の比となります。このように，回帰分析の中でも分散分析は重要な役割を果たします。

例の計算：貯蓄率の重回帰分析の分散分析表は，表 15–3 のようになります。

15.5 自由度修正済決定係数

複数の説明変数のうち，どれを重回帰モデルに含むべきかについて統計的な規準が必要なことがあります。その一つの手段として，次のように決定係数の分母の全変動と分子の残差二乗和をそれぞれの自由度で調整した**自由度修正済決定係数**

$$\text{自由度修正済決定係数} = 1 - \frac{\text{残差二乗和}/(n-k-1)}{\text{全変動}/(n-1)}$$

がより大きくなる説明変数の組を選ぶことがあります。

本講の第1節でみたように，決定係数はたとえ説明力の弱い説明変数を追加しても上昇してしまうという問題点があり，説明変数を選択する際に用いるのは適切ではありません。しかしながら，自由度修正済決定係数は説明変数の数 k が増加すると，残差二乗和の自由度の減少を通じて低下するように働きますので，決定係数の欠点を補うことができます。

例の計算：貯蓄率の単回帰モデルの自由度修正済決定係数は 0.08 で，年少人口率を説明変数に加えた重回帰モデルの自由度修正済決定係数は 0.23 です。自由度修正済決定係数を用いると，単回帰モデルよりも重回帰モデルの方が望ましいことがわかります。

15.6 Excel を用いた回帰分析（分析ツール）

第 14 講では，Excel の関数機能を用いて単回帰分析を行いましたが，重回帰分析では計算は非常に複雑なものになります。本節では，データ分析ツールを用いた回帰分析を説明します。

まず，［データ］のタブの中にあるデータ分析のアイコンをクリックし，ポップ・アップ・ウィンドウで［回帰分析］を選択して［OK］を押すと，図 15-3（上図）のような画面が現れます。指定する項目は，Y 範囲に被説

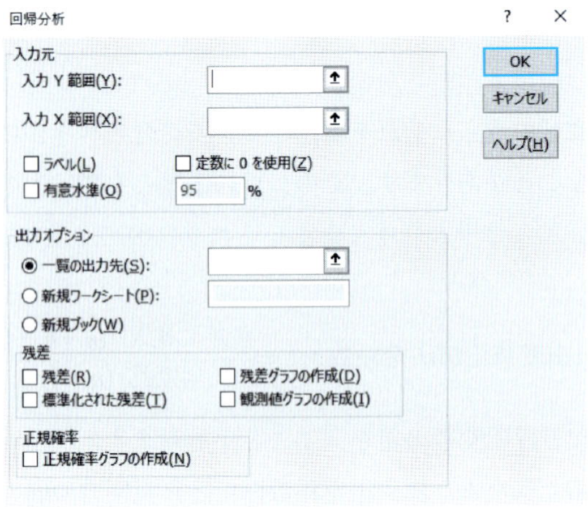

概要

回帰統計	
重相関 R	0.512
重決定 R2	0.262
補正 R2	0.230
標準誤差	3.931
観測数	50

分散分析表

	自由度	変動	分散	された分	有意 F
回帰	2	257.46	128.73	8.33	0.001
残差	47	726.17	15.45		
合計	49	983.63			

	係数	標準誤差	t	P-値	下限 95%	上限 95%	下限 99.0%	上限 99.0%
切片	30.63	7.41	4.13	0.0001	15.72	45.53	10.74	50.52
高齢化率(	-1.93	1.04	-1.86	0.0694	-4.03	0.16	-4.73	0.86
年少人口	-0.47	0.15	-3.21	0.0024	-0.77	-0.18	-0.86	-0.08

図 15-3　Excel のデータ分析ツールを用いた回帰分析

明変数のデータ範囲，X 範囲に説明変数のデータ範囲です。単回帰分析を行う場合にも，X 範囲に 1 つの変数データを指定することで，**第 14 講**で求めた結果と同じものが出力されます。[有意水準] には，95%水準以外の信頼区間を出力したい場合に信頼水準を入力します。ここでは，99%信頼区間を出力するためにチェックを入れて99（%）と入力します。また，データの最初の行が変数名の場合は，［ラベル］にチェックを入れると，係数の推定値の出力結果が見やすくなります。

右上の［OK］を押すと，出力範囲に図15–3（下図）のような結果が表示されます。このように，Excelの回帰分析の出力結果は3つのブロックで構成されています。

まず，一番上の［回帰統計］のブロックを見てみます。［重決定R2］には決定係数，［補正R2］には自由度修正済決定係数，［標準誤差］には回帰式の標準誤差（s），［観測数］には標本数（n）が表示されます。［重相関R］には決定係数の正の平方根が出力されます。説明変数が1つの場合は，重相関Rは説明変数と被説明変数の相関係数の絶対値と等しくなります。

中段の［分散分析表］のブロックには，前節で説明した通り回帰，残差および合計の変動と自由度，そして回帰と残差の不偏分散が計算されています。これを用いて，［観測された分散比］にはF検定統計量が，［有意F］にはそのp値が表示されています。このp値が有意水準よりも小さければ，k個の傾き係数の全てがゼロであるという帰無仮説は棄却され，回帰モデル全体として被説明変数に対する説明力があるといえます。

最下段のブロックには，それぞれの係数の最小二乗推定値（［係数］），係数の標準誤差，t検定統計量（［t］）とそのp値，そして係数の95%信頼区間が出力されます。

■ Active Learning

《理解度チェック》

□1 「高齢化率」と「年少人口率」の双方を説明変数として含む貯蓄率の重回帰モデルに，新たに「可処分所得」を説明変数として加えた場合，説明変数「高齢化率」の係数の解釈がどのように変わるかを説明しなさい。

□2　重回帰モデルの個別の係数の値を検定する検定統計量を述べ，帰無仮説が正しい下での検定統計量の分布を述べなさい。

□3　重回帰分析で得られる全変動，回帰変動，残差二乗和の自由度を，標本数（n）と説明変数の数（k）を用いて表しなさい。

□4　重回帰モデルの全ての説明変数の係数がゼロであることを検定する検定統計量を述べ，帰無仮説が正しい下での検定統計量の抽出分布を述べなさい。

□5　回帰分析において自由度修正済決定係数はどのように用いられるか，決定係数との違いを考慮して述べなさい。

《調べてみよう》

第 13 講と**第 14 講**で用いたデータと同じ期間につき，気象庁のウェブサイトから日々の降水量のデータを取得し，電力需要量と降水量を説明変数とする重回帰分析を行ってみましょう。得られた係数推定値をそれぞれ正しく解釈したうえで，それぞれの説明変数が電力需要量に有意に影響を与えるかを検定し，平均気温と降水量の係数が同時にゼロであるという帰無仮説を検定してみましょう。

《*Exercises*》

問 1　次の重回帰分析結果につき，以下の問いに答えなさい。

$$\hat{Y}_i = 0.3 - 2.1X_{1,i} + 4.8X_{2,i}$$

（1）説明変数 X_1 の係数推定値を言葉で解釈しなさい。

（2）同じデータを用いて回帰モデル

$$Y_i = \beta_0 + \beta_1 X_{1,i} + U_i$$

を最小二乗法で推定したところ，β_1 の推定値が -2.1 とはならなかった。その理由を説明しなさい。

問 2　ある都市において，1 日の貸し自転車の利用者数（単位：人）を被説明変数，その日の平均気温（X_1，単位：度）および平均湿度（X_2，単位：%）を説明変数とした重回帰分析を行ったところ，以下の推定結果を得た。

$$\hat{Y}_i = 453.0 + 172.2X_{1,i} - 9.1X_{2,i}$$

（1）2 つの説明変数の係数推定値をそれぞれ言葉で解釈しなさい。

（2）定数項の推定値を言葉で解釈しなさい。

(3) 平均気温が 20 度，平均湿度が 10%の日の平均利用者数の点推定値を答えなさい。

次に説明変数から X_2 を除いて回帰分析を行ったところ，以下の推定結果を得た。

$$\hat{Y}_i = 49.7 + 102.2X_{1,i}$$

(4) 定数項の推定値と説明変数の係数推定値を（1）と（2）との違いを考慮して，言葉で解釈しなさい。

問 3　標本数 15 を用いた以下の重回帰分析結果につき，各問いに答えなさい。

$$\hat{Y}_i = 4.27 + 0.66X_{1,i} + 0.74X_{2,i}$$

なお，全変動は 15.51，残差二乗和は 8.85 であった。

(1) 回帰変動を求めなさい。

(2) 決定係数を求めなさい。

(3) 誤差項の標準偏差の不偏推定値を求めなさい。

(4) 自由度修正済決定係数を求めなさい。

問 4　以下の重回帰分析結果につき，各問いに答えなさい。なお，標準的仮定が満たされているとし，係数推定値の下の括弧には標準誤差が記されている。

$$\underset{}{\hat{Y}_i} = \underset{(4.3)}{13.2} + \underset{(2.2)}{4.2}X_{1,i} - \underset{(0.2)}{0.8}X_{2,i} + \underset{(0.8)}{3.8}X_{3,i}$$

$$R^2 = 0.42$$

$$n = 18$$

(1) それぞれの係数につき，95%信頼区間を求めなさい。

(2) 個別係数が 0 であることを帰無仮説とする両側検定をそれぞれ有意水準 5%を用いて行いなさい。

問 5　ポルトガル産のワインの品質（最低が 1 で最高が 10）を決定する要因を分析するため，酸濃度（X_1），糖分濃度（X_2）およびアルコール度（X_3）を説明変数として用いて重回帰分析を行ったところ，以下の推定結果を得た。なお，係数推定値の下の括弧には，標準誤差が記されている。

$$\hat{Y}_i = \underset{(1.0269)}{4.1568} - \underset{(0.1023)}{0.2671}X_{1,i} - \underset{(0.0161)}{0.0040}X_{2,i} + \underset{(0.0750)}{0.3629}X_{3,i}$$

また，全変動は 67.64，残差二乗和は 47.18 であった。標本数は $n = 100$ であり，標準的仮定は満たされているとする。

(1) 糖分濃度とアルコール度をコントロールした上で，酸濃度はワインの品質に影響を与えるかを有意水準5%を用いて検定しなさい。

(2) 酸濃度と糖分濃度をコントロールした上で，アルコール度はワインの品質に影響を与えるかを有意水準5%を用いて検定しなさい。

(3) 3つの説明変数の係数が全てゼロであるという帰無仮説を，有意水準5%を用いて検定しなさい。

（解答は，本書サポートページを参照。）

索　引

さ　行

た　行

な　行

は　行

ま　行

や　行

ら　行

わ　行

Excel 操作関係

著者紹介

山本　庸平（やまもと　ようへい）

1973年　愛知県名古屋市に生まれる

1997年　東京大学経済学部卒業

1997年～2006年　日本政策投資銀行勤務

2009年　米国ボストン大学経済学大学院博士課程修了（Ph.D. in Economics）
　　　　カナダアルバータ州立大学助教授（ビジネススクール）

2012年　一橋大学専任講師（大学院経済学研究科）

2014年　一橋大学准教授（同上）

2017年　一橋大学教授（同上）

主要論文

"Forecasting with Non-spurious Factors in U.S. Macroeconomic Time Series", *Journal of Business and Economic Statistics*, 34(1), pp. 81–106, 2016.

"Testing for Factor Loading Structural Change under Common Breaks" (with Shinya Tanaka), *Journal of Econometrics*, 189(1), pp. 187–206, 2015.

"Using OLS to Estimate and Test for Structural Changes in Models with Endogenous Regressors" (with Pierre Perron), *Journal of Applied Econometrics*, 30, pp. 119–144, 2015.

ライブラリ 経済学15講 [BASIC編] 11
統計学15講

2017年12月25日 © 初 版 発 行

著 者 山本庸平 発行者 森平敏孝
印刷者 小宮山恒敏

【発行】 株式会社 新世社
〒151-0051 東京都渋谷区千駄ヶ谷1丁目3番25号
編集☎(03)5474-8818(代) サイエンスビル

【発売】 株式会社 サイエンス社
〒151-0051 東京都渋谷区千駄ヶ谷1丁目3番25号
営業☎(03)5474-8500(代) 振替 00170-7-2387
FAX☎(03)5474-8900

印刷・製本 小宮山印刷工業(株)
《検印省略》

ISBN978-4-88384-267-4
PRINTED IN JAPAN

サイエンス社・新世社のホームページのご案内
http://www.saiensu.co.jp
ご意見・ご要望は
shin@saiensu.co.jp まで.